中华精神家园

古建之魂

古塔瑰宝

无上玄机的魅力古塔

肖东发 主编　张恩台 编著

中国出版集团

现代出版社

图书在版编目（CIP）数据

古塔瑰宝 / 张恩台编著. — 北京：现代出版社，
2014.7（2019.1重印）
ISBN 978-7-5143-2306-1

Ⅰ．①古… Ⅱ．①张… Ⅲ．①古塔－介绍－中国
Ⅳ．①K928.75

中国版本图书馆CIP数据核字(2014)第163493号

古塔瑰宝：无上玄机的魅力古塔

主　　编：肖东发
作　　者：张恩台
责任编辑：王敬一
出版发行：现代出版社
通信地址：北京市定安门外安华里504号
邮政编码：100011
电　　话：010-64267325 64245264（传真）
网　　址：www.1980xd.com
电子邮箱：xiandai@cnpitc.com.cn
印　　刷：三河市华晨印务有限公司
开　　本：710mm×1000mm　1/16
印　　张：10
版　　次：2015年4月第1版　2021年3月第4次印刷
书　　号：ISBN 978-7-5143-2306-1
定　　价：29.80元

党的十八大报告指出："文化是民族的血脉，是人民的精神家园。全面建成小康社会，实现中华民族伟大复兴，必须推动社会主义文化大发展大繁荣，兴起社会主义文化建设新高潮，提高国家文化软实力，发挥文化引领风尚、教育人民、服务社会、推动发展的作用。"

我国经过改革开放的历程，推进了民族振兴、国家富强、人民幸福的中国梦，推进了伟大复兴的历史进程。文化是立国之根，实现中国梦也是我国文化实现伟大复兴的过程，并最终体现为文化的发展繁荣。习近平指出，博大精深的中国优秀传统文化是我们在世界文化激荡中站稳脚跟的根基。中华文化源远流长，积淀着中华民族最深层的精神追求，代表着中华民族独特的精神标识，为中华民族生生不息、发展壮大提供了丰厚滋养。我们要认识中华文化的独特创造、价值理念、鲜明特色，增强文化自信和价值自信。

如今，我们正处在改革开放攻坚和经济发展的转型时期，面对世界各国形形色色的文化现象，面对各种眼花缭乱的现代传媒，我们要坚持文化自信，古为今用、洋为中用、推陈出新，有鉴别地加以对待，有扬弃地予以继承，传承和升华中华优秀传统文化，发展中国特色社会主义文化，增强国家文化软实力。

浩浩历史长河，熊熊文明薪火，中华文化源远流长，滚滚黄河、滔滔长江，是最直接的源头，这两大文化浪涛经过千百年冲刷洗礼和不断交流、融合以及沉淀，最终形成了求同存异、兼收并蓄的辉煌灿烂的中华文明，也是世界上唯一绵延不绝而从没中断的古老文化，并始终充满了生机与活力。

中华文化曾是东方文化摇篮，也是推动世界文明不断前行的动力之一。早在500年前，中华文化的四大发明催生了欧洲文艺复兴运动和地理大发现。中国四大发明先后传到西方，对于促进西方工业社会的形成和发展，曾起到了重要作用。

中华文化的力量，已经深深熔铸到我们的生命力、创造力和凝聚力中，是我们民族的基因。中华民族的精神，也已深深植根于绵延数千年的优秀文化传统之中，是我们的精神家园。

总之，中华文化博大精深，是中国各族人民五千年来创造、传承下来的物质文明和精神文明的总和，其内容包罗万象，浩若星汉，具有很强的文化纵深，蕴含丰富宝藏。我们要实现中华文化伟大复兴，首先要站在传统文化前沿，薪火相传，一脉相承，弘扬和发展五千年来优秀的、光明的、先进的、科学的、文明的和自豪的文化现象，融合古今中外一切文化精华，构建具有中国特色的现代民族文化，向世界和未来展示中华民族的文化力量、文化价值、文化形态与文化风采。

为此，在有关专家指导下，我们收集整理了大量古今资料和最新研究成果，特别编撰了本套大型书系。主要包括独具特色的语言文字、浩如烟海的文化典籍、名扬世界的科技工艺、异彩纷呈的文学艺术、充满智慧的中国哲学、完备而深刻的伦理道德、古风古韵的建筑遗存、深具内涵的自然名胜、悠久传承的历史文明，还有各具特色又相互交融的地域文化和民族文化等，充分显示了中华民族的厚重文化底蕴和强大民族凝聚力，具有极强的系统性、广博性和规模性。

本套书系的特点是全景展现，纵横捭阖，内容采取讲故事的方式进行叙述，语言通俗，明白晓畅，图文并茂，形象直观，古风古韵，格调高雅，具有很强的可读性、欣赏性、知识性和延伸性，能够让广大读者全面接触和感受中国文化的丰富内涵，增强中华儿女民族自尊心和文化自豪感，并能很好继承和弘扬中国文化，创造未来中国特色的先进民族文化。

2014年4月18日

七级浮屠——大雁塔

誉满神州——雷峰塔

第一斜塔——虎丘塔

十二边塔——嵩岳寺塔

古塔凌霄——海宝塔

琼华圣境——北海白塔

塔苑奇葩——四大寺塔

大雁塔

　　大雁塔是古都西安的象征，位于陕西省西安市南郊慈恩寺内，距今已有1300多年的历史。大雁塔全称"慈恩寺大雁塔"，始建于652年，原称"慈恩寺浮屠"。

　　大雁塔是我国仿木构楼阁式砖塔的佼佼者，更以"唐僧取经"的故事驰名中外。塔上陈列有佛舍利子、佛足石刻、唐僧取经足迹石刻等，其中两通珍贵石碑"二圣三绝碑"，具有很高的艺术价值。

玄奘奏请唐太宗建大雁塔

　　大雁塔坐落在西安市南部的大慈恩寺内，也叫"大慈恩寺塔"，是我国西安最著名的古塔。

　　早在唐代，大雁塔就已经成为我国著名的游览胜地，塔内留有大量文人雅士的题记，仅明清时期的题名碑就有两百多块。

　　大雁塔也叫大慈恩寺塔，坐落在大慈恩寺。提起大雁塔，就不得不说大慈恩寺。因为大雁塔的建成及日后的辉煌，是与大慈恩寺密不可分的。

　　大慈恩寺创建于隋代，原名"无漏寺"。到了大唐贞观年

■ 李治（628—683），字为善，唐太宗李世民第九子，母亲是长孙皇后。他22岁登基，在位34年，683年病逝，终年56岁，葬于陕西乾陵。

间，唐太子李治因思念亡母长孙皇后，命人在无漏寺的旧址上造寺建塔，为母亲追荐冥福，这就是慈恩寺。

慈恩寺是当时唐朝长安城里规模最大的寺院，面积约27万平方米，房屋共1800多间，雄伟壮观，异常豪华。

慈恩寺建成之初，就迎请当时有名的高僧玄奘担任上座法师，玄奘就在这里创立了大乘佛教慈恩宗。此后，慈恩寺就成了我国大乘佛教的圣地。

656年，唐高宗御书《大慈恩寺碑记》，从此，寺名由"慈恩寺"改为"大慈恩寺"。

在唐代，大慈恩寺是长安城内最著名、最宏丽的佛寺，唐三藏玄奘曾在这里主持寺务，领管佛经译场，而位于寺内的大雁塔又是玄奘亲自督造，所以大慈恩寺在我国佛教史上具有十分突出的地位。

在玄奘的带动下，大慈恩寺很快成为中外闻名的佛学研究中心，盛极一时。不但国内僧众前来质疑问难络绎不绝，而且日本、朝鲜、印度和西域各国的僧人来到长安时，也大都慕名住在大慈恩寺内。

唐代大慈恩寺的殿堂楼阁都是用上等的佳木修筑而成，壁画均为阎立本、吴道子、尉迟乙僧等名家所

■ 玄奘（602—664），唐朝时期著名的三藏法师，汉传佛教史上最伟大的译经师，也是我国佛教法相唯识宗的创始人。俗姓陈，名祎，是我国著名古典小说《西游记》中人物唐僧的原型。

■ 大慈恩寺内的大雄宝殿

迦蓝佛 是指释迦牟尼最初走出王宫，最先问道的外道仙人，又称作"阿啰荼迦罗摩""阿蓝迦蓝""阿蓝""罗迦蓝""伽蓝"等，意译是自诞、懒惰的意思。迦蓝佛与郁陀罗摩子并称于世。也是寺院道场的通称。

作，特别富丽华美。

大慈恩寺的碑屋，是放置唐高宗《御书大慈恩寺碑》的房舍，装饰极为华丽。

唐高宗爱好书法，这块碑是用行书写成，用飞白笔法所写的"显庆元年"4个字，更是神妙。

大慈恩寺在唐代一直受到上至朝廷下至平民的高度重视。唐代末年，由于战乱，大慈恩寺遭到严重破坏。自宋代以来，大雁塔曾被几次修葺，但寺院的规模仅仅局限于塔下。

大雄宝殿内供有三身佛：法身佛、报身佛和应身佛。宝殿的东西两壁前，塑有十八罗汉及文殊菩萨和普贤菩萨像。大殿后面的法堂东墙有玄奘石刻拓像，两边有玄奘的弟子窥基和圆测的石刻拓像。法堂后面就是巍巍大雁塔。

大雁塔建于652年，因坐落在大慈恩寺，又称"大慈恩寺塔"。关于"雁塔"这个名字的由来，历来有不同的说法。

相传在玄奘法师西天拜佛求经的路上，有一天，玄奘法师走到大漠，遇上了风沙，迷失了方向。

此时，玄奘法师的粮食和水所剩无几，眼看就要陷入绝境。面对这种危机，玄奘法师依然淡然盘膝而坐，念经呼法号。

这时，从远方飞来一只大雁，在玄奘面前抖翅低鸣，频频将脖颈伸向远方。玄奘法师领会其意，就跟随这只大雁走出了荒漠，找到了水源。

玄奘法师对大雁充满了感激之情。回国后，在修建大慈恩寺的时候，他就将塔命名为"雁塔"。

关于塔名的另一种说法来自古印度迦蓝佛，

七级浮屠

大雁塔

■ 俯拍大雁塔广场

■ 西安唐大雁塔

据说他曾穿凿石山做五层高塔，最下面一层是大雁的形状，称为"雁塔"。玄奘最初设计建造的塔就采用了这种形制，故名"雁塔"。

还有一种说法和佛祖释迦牟尼有关，相传佛祖释迦牟尼曾化身为一只鸽子，解救天下苍生。唐代人崇尚大雁，通常都以大雁泛指鸟类，因此把塔取名为"雁塔"。

关于雁塔之名的来源，还有一种说法是，建塔的地点过去常有大雁落脚，在为塔取名时，正好有大雁飞过，玄奘一指大雁，就给此塔定名为"雁塔"。

当然，不管"雁塔"两字究竟来自哪里，雁塔之名是确定了的。

说起大雁塔，首先就要提到它的建设者唐代高僧玄奘。如果没有玄奘，就不会有赫赫有名的大雁塔。

627年，玄奘与其他僧侣一起结伴上表奏请朝廷，申请赴印度取经。当时，唐王因建国之初，社稷未稳，下诏不许。后来，其他人纷纷退缩，而玄奘不为所动，矢志不改，并且利用出国前的3年时间，在佛经研究、语言梵文及物质精神等方面做了充分的准备。贞观三年（629），玄奘请求出国，有诏不许，遂偷出边卡。

丝绸之路　简称"丝路"，最早出现在我国的商朝和秦汉时期。通常所指的丝绸之路是穿越中亚、翻过帕米尔高原、抵达西亚的线路，是我国古代中外交流的国际通道。

629年，玄奘与从长安出发，开始了艰难的西域之旅。他一个人骑着马沿着丝绸之路，克服了数不清的艰难险阻，经过整整3年的跋涉和25000千米的艰苦行程，终于到达了佛教圣地天竺。玄奘到达天竺后，在著名的那烂陀寺学习，并拜戒贤长老为师。

后来，玄奘又用了5年时间，在天竺佛国寻道，游遍印度国。当他返回那烂陀寺时，已经位居这座佛教最高学府的主讲，地位仅次于恩师戒贤。

642年，在玄奘求法圆满准备返回大唐时，他接受邀请，参加了古印度规模空前、规格很高的佛教学术盛会。在会上，玄奘法师为论主，其辩才无碍、博学宏论折服了与会者，连续18天无人能发论辩驳。大乘僧众称玄奘法师为"大乘天"，小乘佛教僧众称他为"解脱天"，佛教里的"天"，就是菩萨众神。

为了回到大唐翻译佛经、弘扬佛法，玄奘说服劝

住持 佛教僧职，又称"方丈""住职"。原来是久住护持佛法的意思，是掌管一个寺院的主僧。禅宗兴起后寺院主管僧人称为"住持"。我国从唐代开始在寺院设立住持一职。

■ 大雁塔

化缘 佛教术语。本义是佛、菩萨高僧等示现、教化众生的因缘。佛教认为，能布施斋僧的人就是与佛门有缘，僧人以募化乞食广结善缘，故称"化缘"。还可以指募化活动。

■ 大慈恩寺后面的大雁塔

阻自己回国的恩师、道友以及各国国王，于645年携经卷657部、佛像8尊以及大量舍利，载誉回到长安。

玄奘的壮举震动了大唐上下，当时，朝廷在大慈恩寺举行了空前盛大的欢迎仪式，出动1500多辆轩车，200多幅刺绣佛像，500多幅以金线绣出的经幡，入寺和送行的高僧分坐500辆宝车，盛况空前。649年，大慈恩寺落成，玄奘担任寺院的首任住持，专心致力于佛经翻译事业。

玄奘从印度归来后，为了保存从印度取回的佛经、佛像和舍利，向朝廷提出在大慈恩寺建一座石塔。于是，玄奘就上书唐高宗，请求在慈恩寺正北门建一座高90多米的石塔，以供奉和贮藏他从印度带回来的这些宝物。

唐高宗认为，石塔工程过于浩大，短时间内难以完成，不愿玄奘为此事辛劳。于是，652年，在慈恩寺西院，建造了一座仿印度形式的砖塔，这座塔就叫"雁塔"。

至于建塔的经费来源，玄奘的本意是通过化缘、信民奉献等方式自己筹划，只需朝廷批准即可。然而，出于对玄奘的关心，唐太宗特意提出：

不愿法师辛苦。今已敕大内东宫、掖庭等七宫亡人衣物助法师，足得成办。

由此可见，大雁塔是"民建官助"的。而这个"官助"也仅仅是以"七宫亡人衣物"的相助，官府本身并不支出特别的经费。

大雁塔规模宏大，对于即使处于繁荣时期的唐朝来说，也是一个不小的工程，这个浩大工程的经费，居然是来自内宫的宫女，这有点令人感到不可思议。

唐太宗时期，虽然也曾让一部分宫女回家，但皇宫里的宫女数量仍然很多，常有数万人。于是，那些生活凄惨而又毫无希望的宫女，便把宗教信仰作为她们重要的精神寄托。

这些可怜的宫人就把改变命运希望，哪怕是"来世"命运的希望，寄托于佛教。因此，在大雁塔及后来的小雁塔修建过程中，很多宫女都把自己多年来辛苦积攒的积蓄布施给大雁塔的修建，还有很多宫女，在死后把遗物献给了大雁塔。

后来，"雁塔"虽经过武则天更拆重建，名称却一直沿用没有更改。

玄奘大师西去取经载誉回国后，受到了唐太宗敕请，并让他在弘福寺翻译佛经。当时的弘福寺集中了

■武则天（624—705），我国历史上唯一一个正统的女皇帝，也是诗人和政治家，终年82岁。她退位后，唐中宗恢复唐朝，改称"则天大圣皇后"。武则天去世后中宗将她入葬乾陵。

房玄龄 是唐代初年著名宰相、杰出的谋臣，大唐"贞观之治"的主要缔造者之一。房玄龄智能高超、功勋卓越、地位显赫。他善用伟才、敏行慎吉，可谓一代英才。

各地的博学高僧，组成佛经译场，由玄奘担任翻译主持。一直到大慈恩寺初建落成，玄奘才奉敕来到寺院任首任住持，继续译经。

在朝廷的支持下，玄奘主持的译经院规模空前。这支译经队伍以玄奘为首，由右仆射房玄龄和太子左庶子许敬宗，奉敕具体组织，集中了全国一流的佛教精英。

由于玄奘精通三藏，深得佛经奥旨，广博各宗各派，梵文外语功力和学问根底深厚，所以在翻译过程中，既要忠实原著和源流变化，又要深会其意，纠正归失，补充疏漏，这项工作进展得颇有成效。

在翻译工作中，玄奘每天都自立课程进度，且用朱笔细心标注翻译进展记号，他一个人就译出经文1300多卷。

664年，操劳一生的玄奘法师因病在玉华寺圆寂。他的灵柩被运回长安，供奉在大慈恩寺，最后安葬于长安城东白鹿原上。

这位传奇式的人物被尊称为"三藏法师"，他不畏艰难前往西天取经的故事，自唐代以来广为流传。明代小说家吴承恩在三藏法师取经故事的基础上完成巨著《西游记》，成为我国"四大古典小说之一"。

阅读链接

关于大雁塔名称的由来还有一个古老的传说。按照印度佛教的传说，当初的小乘佛教是不忌荤腥的。

相传很久以前，古印度有一个摩揭陀国。有个寺院的和尚信奉小乘佛教。可是，好长一段时间和尚们没有肉吃。一天，空中飞来一群大雁。

有位和尚半开玩笑地说："今天大家都没有东西吃了，菩萨应该知道我们肚子饿呀！"话音刚落，只见一只大雁坠死在和尚的面前。和尚惊喜交加，寺内众僧都认为这是如来佛在教化他们，于是就在雁落之处，以隆重的仪式葬雁建塔，将塔取名为"雁塔"。

七层宝塔与佛祖舍利

大雁塔建塔时,作为大慈恩寺主持，高僧玄奘曾经亲自设计、指导和督导施工，他还亲自担运砖石建塔。

2年后，一座高五层的土心砖塔建成了，这就是最早的大雁塔。

大雁塔底层南门两侧，镶嵌着唐代著名书法家褚遂良书写的两块石碑，一块是《大唐三藏圣教序》，另一块是唐高宗撰写的《述三藏圣教序记》。石碑侧蔓草花纹，图案优美，造型生动。

■褚遂良（596—658），字登善，唐朝政治家、书法家。汉族，浙江杭州人，他博学多才，初学虞世南，后取法王羲之，精通文史，与欧阳询、虞世南、薛稷并称"初唐四大家"。隋末时，跟随薛举为通事舍人，后在唐朝任谏议大夫，中书令等职，649年，与长孙无忌同受太宗遗诏辅政；后坚决反对武则天为后，被贬为长沙都督。传世墨迹有《孟法师碑》《雁塔圣教序》等。

章八元 唐代诗人，字虞贤，桐庐县人，人称"章才子"。771年中进士，调任句容县主簿，后升迁协律郎，掌校正乐律。留有《题慈恩寺塔》诗一首，有诗集一卷传世。

大雁塔初建只有5层，当时由于是砖表土心的缘故，质量不好，四五十年后，便逐渐出现坍塌现象。

到了唐代武则天年间，由武则天带头，各王公大臣共同响应，捐赠了大量钱财，重新营建了大雁塔。此次修建后，把大雁塔建到了10层。

正如章八元在《题慈恩寺塔》中所描述的那样：

"十层突兀在虚空，四十门开面面风。"

到了宋代熙宁年间，有游人登塔照明时，不慎失火，大雁塔旋梯损坏严重，不可再登。

此后若干年，大雁塔又因经历兵火战乱的破坏，上面3层遭到毁坏。于是，后人在塔的7层收顶攒尖，在塔体外又包砌了一层砖。这就是后人所见大雁塔的形状。

重修后的大雁塔塔身是用青砖砌成，各层壁面作柱枋、栏额等仿木结构；每层四面都砌有拱门。这种楼阁式砖塔，是我国佛教建筑艺术的杰作。

1000多年过去了，敕建的大慈恩寺寺院建筑早已不存在了，而民建的大雁塔却仍然保留，诠释着我国古代佛教建筑艺术的风格。

最初的大雁塔形状和结构是

■ 大雁塔塔身

西域式的。塔的主体为5层，砖表土心，有相轮、露盘。整座塔呈三角形，形似埃及的金字塔。

大雁塔经历过两次大的改建后，和当初刚修的大雁塔相比，外形以及内部的结构都有很大的改变。砖仿木结构的四方形楼阁式塔，由塔基、塔身、塔刹组成。塔体各层都是用青砖模仿我国唐代建筑砌檐柱、斗拱、栏额、檀枋、檐椽、飞椽等仿木结构，磨砖对缝砌成。

每层塔的4面均有券门，底层南门洞两侧镶嵌着唐太宗御撰的《圣教碑》和高宗李治所撰《述圣记》两通珍贵石碑，具有很高艺术价值，人称"二圣三绝碑"。

大雁塔塔高64米多，塔基高4米多，南北长约48米多，东西长约45米多。作为一座雄伟的分层建筑，大雁塔的每一塔层都各有特色。

进入大雁塔南门，就可以看到塔的第一层。洞壁两侧，镶嵌有多通明代题名碑，其中"名题雁塔，天地间第一流人第一等事也"就是当时雁塔风光的写照。此外，描写玄奘辉煌一生的《玄奘负笈像碑》和《玄奘译经图碑》，也非常有价值。

在塔内第一层通天明柱上，悬挂着4幅长联，写的是唐代的历史、人物、故事。同时，第一层塔内，还设有古塔常识及我国名塔照片展，展示了佛塔的起源、发展、结构和分类。

七级浮屠

大雁塔

■ 大雁塔入口

文殊菩萨 又称"文殊师利"或"曼殊室利"，佛教"四大菩萨"之一，释迦牟尼佛的左胁侍菩萨，代表聪明智慧。因德才超群，居各大菩萨之首，是除了观世音菩萨之外最受尊崇的大菩萨。

普贤菩萨 我国佛教"四大菩萨"之一，是象征理德、行德的菩萨，同文殊菩萨的智德、正德相对应，是娑婆世界释迦牟尼佛的右、左胁侍，于是被称为"华严三圣"。

塔座登道的墁砖处，平卧一通"玄奘取经跬步足迹石"，所刻图案生动地反映了玄奘当年西天取经的传说故事，以及他万里征途、始于跬步、追求真理的奋斗精神。

大雁塔第二层的塔室内，供奉着一尊铜质镏金的佛祖释迦牟尼佛像。这尊佛像是明代初年的宝贵文物，被视为定塔之宝。到此地的僧众，看到此像都争先礼拜瞻仰。

在两侧的塔壁上，还附有文殊、普贤菩萨壁画两幅，以及名人书法多幅。多是唐代诗人登临大雁塔有感而发的诗句，朗朗上口、意味悠长。

在大雁塔三层塔室的正中，安置有一木座。座上存有珍贵的佛舍利及大雁塔模型。

有关舍利的由来还有一段故事，据说这两颗舍利是印度玄奘寺的住持悟谦法师赠送的，属一乘佛宝。

第四层设有一个大雁塔模型，是严格按照与真实的大雁塔1比60的比例由名家制作，选材上乘，惟妙惟肖。大雁塔的第四层比较简单，也比较宽畅。

在大雁塔第五层内，陈列着一块释迦如来足迹碑，该碑是依据唐代玄奘法师晚年于铜川玉华寺，请石匠李天诏所刻制的佛足造像复制而成。足迹碑上有许多佛教图案，内涵丰富，素有"见足如见佛，拜足如拜佛"的说法。

在大雁塔第五层的塔室内，还收集展出有玄奘鲜为人知的数首诗词。通过这些诗词，人们可窥见玄奘在诗词方面的极深造诣。

大雁塔第六层悬挂有唐代五位诗人举行诗会时的佳作。第七层是大雁塔的顶层，塔顶刻有圣洁的莲花藻井，中央为一朵莲花，花瓣上共有14个字，连环为诗句，可有数种念法。

在第七层的壁上玄奘所著《大唐西域记》中，记载了他在印度所闻的僧人埋雁造塔的传说，向人们解释了最可信的雁塔名字的由来。

来到第七层也就到了大雁塔的最高处，人们可向四周远眺，古城四方景物尽收眼底，恰如置身于神奇美妙的佛国仙境。

在大雁塔底层南券门两侧，嵌立着两块高大的石碑。碑首有鳞甲森然的螭，碑侧饰以富丽繁缛的卷叶蔓草。特别是碑座刻有生动传神的天人舞乐浮雕，舞带回环，似在飘动。这两块碑文上所刻的是《圣教序》，这个《圣教序》还有一个来历。

当时，唐太宗父子应玄奘的邀请，为他新译的经文撰写了序文和纪文，这就是《圣教序》。

大慈恩寺佛像

■大雁塔佛像

序文和纪文写好以后，由当时与欧虞齐名的当朝宰相褚遂良书写，刻于石上。

原来是立在玄奘所修的五层砖塔顶层石室之中，现在此碑文完好如初。褚遂良手书被刻于石上，更显得字迹挺拔秀美，有人誉其婉丽绰约如美女婵娟，不胜罗绮。世称《雁塔圣教》。

后来，后人利用《圣教序》的文章，又分别在玄奘的故乡河南省偃师县、褚遂良曾经任职的同州、玄奘曾经居住讲经的长安弘福寺立了3通碑，和大雁塔的那通碑，合成"一文四碑"。当然，在这四通碑中，大雁塔的碑是最早的，也是最为出名的。

大雁塔与佛舍利可谓密切相关，千百年来，人们在谈论大雁塔时，总是禁不住对和大雁塔有关的佛舍利充满了兴趣。

佛教诞生在古印度，创始人释迦牟尼的尸体被焚化后，结晶体和未烧尽的遗骨，被称作"舍利"，由他的亲属和弟子们作为圣物收藏起来。后来，被分成若干份，送往世界各地，建塔供奉。据说，这些舍利的一部分传到了我国。

舍利来源于印度，梵语音译为"设利罗"，译成中文是为灵骨、身骨，是得道高僧经过火葬后所留下的结晶体。不过，舍利和一般死人的骨头不同。

舍利的形状千变万化，有圆形、椭圆形的，有呈莲花形的，也有呈佛或菩萨状的；它的颜色有白、黑、绿、红各种颜色；舍利子有的像珍珠，也有的像玛瑙、水晶；有的透明，有的光明照人，就像钻石一般。但是，并非所有的僧人死后都可以产生舍利子，舍利乃佛祖或得道高僧道行甚高的体现，是其戒、定、慧三者转化的结晶，是佛祖或高僧在圆寂后火化时所生成的晶莹坚硬的颗粒。

火化后，仍然存在的原身体某部位灵骨，被称为"佛牙舍利"，"顶骨舍利"，"佛指舍利"等。这些舍利在佛教界非常珍贵，往往带有圣洁和神秘的色彩。

大雁塔与佛舍利密切相关。652年，玄奘法师当初为存放从西域所取经像、舍利而建造大雁塔，而玄奘法师究竟从西域带回了多少舍利，历来有很多观点。

在《法师传》中记载仅说是150枚肉舍利和一匣骨舍利，具体数量并没有说明。而在该书描写修塔一节时说："层层中心皆有舍利，或

■大雁塔附近的佛像

■舍利子 原指佛教祖师释迦牟尼佛，圆寂火化后留下的遗骨和珠状宝石样生成物。舍利子印度语叫做"驮都"，译成中文叫灵骨、身骨、遗身。是僧人去世，火葬后所留下的结晶体。舍利子跟一般死人的骨头是完全不同的。它们形状不一，颜色各异，有的像钻石一般。

一千，二千，凡一万余粒。"

后来，大雁塔经过武则天重新改建时，将塔中原有的舍利如何处置的，就没有详实的史料记载了。

玄奘法师历经千辛万苦所取的佛舍利，究竟是另行存放，还是散佚，这些都成了千古之谜。直到后来，大雁塔接待了来自印度玄奘寺的住持、印籍华侨高僧悟谦法师。悟谦法师原籍是陕西咸阳人，自幼出家，以玄奘为楷模，到印度寻求佛法。

悟谦法师来到中国时，已经年逾古稀，在印度玄奘寺任住持。他来到大慈恩寺后，把两颗珍贵的佛舍利子赠给大雁塔。这两颗舍利，一颗直径3.5毫米，一颗直径1.5毫米。现在大雁塔上安放的佛舍利，就是当年悟谦法师所赠的那两颗。

阅读链接

佛教的创始人释迦牟尼曾是古印度的一位王子，他29岁时出家修行，最后在菩提树下悟出了人生真谛，创立了佛教，被尊为"佛祖"。公元前486年，80岁的释迦牟尼去世，弟子们将他的尸体焚化，把他留下的尸骨结晶体和未烧尽的遗骨称作"舍利"，并作为圣物收藏起来。

释迦牟尼死后250多年后，古印度阿育王统一了印度。这位晚年皈依佛门的国王将佛祖的舍利收集起来，重新分成若干份，送往世界各地建塔供奉。

千年宝塔的地宫之谜

　　我国历来就有建塔必建地宫的说法，所谓的"地宫"就是为埋藏舍利在塔基下面建造的地窖。

　　在南北朝以前一段时期内，高僧圆寂后，留下的塔舍利都放在塔

■法门寺地宫

■ 陵寝地宫的内部结构

法门寺 位于宝鸡市的扶风县法门镇。据传始建于公元68年，周魏以前原名也叫阿育王寺，隋改称成实道场，唐初改名法门寺，被誉为皇家寺庙，因安置释迦牟尼佛指骨舍利而成为举国仰望的佛教圣地。

刹里，到了南北朝时期才逐渐兴起在塔下埋藏舍利。

最初，僧人们只是将放有舍利的宝函直接埋在地下，之后随着佛教事业的发展壮大及思想意识的转变，逐步发展为在塔下建地宫埋藏宝函。

地宫是我国古代石雕刻和石结构相结合的典型建筑，是陵寝建筑的重要组成部分，是安放死者棺椁的地方。

地宫一般都有一道石门，隧道内建有3道石门，构造形式和关闭的方法都是一样的。每道门都是两扇，用铜包裹门枢，安在铜制的槛上。

在门槛的平行线内是用白玉石铺成的地面，紧挨着石门下角里面，凿有两个约有半个西瓜大小的石坑。对着这两个石坑里边约半米多高的地面上，同样凿有两个浅坑，在这两个浅坑的中间凿出一道内高外低的浅沟。

此外，每扇石门都预制好一个西瓜大小的石球，放在石门里面的浅坑上。当下葬礼结束、关闭石门的时候，两扇门并不合缝，中间离有10厘米空隙。

然后用长柄钩从石门缝伸进去，将浅坑里的石球向外钩拉，这石球就沿着凿好的小沟滚进了门边的深坑，合槽后恰好顶住了石门。

从此，除非设法破坏，这石门就再不能打开了。从地宫的构建我们可以看出古人高超的建筑智慧以及对佛教舍利的高度重视。

陕西法门寺发现的唐代地宫，是继兵马俑之后又一重大文物发现。这个地宫的发现，也引起了人们对大雁塔下是否有地宫的猜测。

人们普遍认为，在气势恢弘的大雁塔下也藏有千年地宫。但是，相对于发掘大雁塔的地宫，及时治理大雁塔的倾斜问题，才是文物部门面临的更为迫切的问题。

关于大雁塔下是否有地宫，众多人士都坚持有地宫这一观点。后来，很多专家认为，与陕西扶风法门寺宝塔地宫一样，大雁塔下极有可能存在一座壮观的地宫。

■西安大雁塔

地宫内很有可能藏有唐代高僧玄奘从西域取经带回来的大量经卷和袈裟等稀世珍宝。

为了供奉和珍藏带回的佛经、金银佛像、舍利等宝物，经过朝廷批准，玄奘亲自设计和主持建造了大雁塔。

但是，没有人见过这些珍宝究竟藏在大雁塔的哪个位置，历史文献中也没有记载大

古塔瑰宝

无上玄机的魅力古塔

■ 大慈恩寺的正门

小雁塔 建于唐代景龙年间，原有15层，现存13层，高约43米。小雁塔与大雁塔东西相向，是唐代古都长安保留至今的两处重要的标志，因为规模小于大雁塔，并且修建时间偏晚一些，因而称为"小雁塔"。

雁塔下面是否真的有地宫。

玄奘所带回的珍宝如今珍藏在哪里，又成了千古之谜。

2007年，我国地震局对包括大雁塔塔基在内的各内部结构进行了雷达遥感探测。探测结果表明，大雁塔底下确实有空洞存在，这也为学者对大雁塔底下存有地宫的假想提供了依据。

唐代在建塔的时候都会设有地宫，这几乎是唐代塔类建筑的固定形制。同时唐代皇家寺院的法门寺地宫与小雁塔地宫的成功发掘，更为这种观点的推断提供了有力旁证。因此人们推测大雁塔底下的空洞，应该就是大雁塔的地宫。

假如大雁塔底下有地宫，从塔的体量看，其规模肯定会比法门寺地宫大。大雁塔地宫和法门寺地宫应该是同种类型。

这是因为，大雁塔所处的大慈恩寺是皇家大寺院，地域广，院落多，建造规格高，寺院经济非常发达。作为官寺，大慈恩寺经常为国祈福。大雁塔又建在都城之内，不但规模大，藏品也非常丰富。

在法门寺地宫被发现后，地宫出土的除了佛祖真身指骨舍利外，还有2400多件唐代的国宝重器，全部是稀世珍宝。和法门寺相比，人们对大雁塔可能存在的地宫充满了更高的期望。

因为，当年唐高宗对修建大雁塔这件事是非常重视的。作为一个皇家寺院，大雁塔地宫里的珍宝规格也会非常高。另外，唐高宗、武则天时期正是盛唐时期，国力雄厚，加上这两个皇帝都信佛，因此大雁塔里的珍藏肯定会很多。

大雁塔地宫里除了玄奘从印度带回来的佛舍利、佛经、金银佛像等宝物外，还可能保存着大量丝绸、各种法器、琉璃、玄奘亲自翻译抄写的经书、玄奘遗物、唐人抄写的经卷、石刻、壁画、皇家器皿、当时

法器 又称为"佛器""佛具""法具"或"道具"。广义而言，凡是在佛教寺院内，所有庄严坛场，以及用于祈请、修法、供养、法会等各类佛事的器具，或是佛教徒所携带的念珠、锡杖等修行用的资具，都可称之为"法器"。

■ 大雁塔里的金佛

的外国人在这里供养的法器等。

此外，玄奘当年取经回来还带回了很多贝叶经，他带回的这些贝叶经在我国国内还从没有被发现过。

虽然唐代律法规定贝叶经一般都要上交给朝廷，多放到国立翻译场所保存，但是唐代后期也曾经几次搜集整理从印度传来的贝叶经，大雁塔地宫里藏有玄奘带回的贝叶经是完全可能的。

大雁塔地宫至今未被发掘，也没有被盗迹象。从敦煌藏经洞出土的经卷纸张保存完好，不但有光泽还有弹性等情形看，大雁塔内的贝叶经纸质如果结实，应该也和敦煌经卷一样保存完好。

随着时间的推移，由于地震对大雁塔的塔身造成了一定的损伤，塔内出现了几处细小的裂缝，而宝塔原本就存在塔身倾斜的问题。

因此，保护好塔身，也就等于保护了地宫和地宫内的文物，在倾斜问题尚未得到根本解决的情况下，目前没有计划对地宫进行发掘。即使明确有地宫存在，保护古塔也优先于挖掘地宫。就这样，地宫和玄奘带回的舍利一样，成为了大雁塔的未解之谜。

阅读链接

645年，玄奘从印度取经归来后，带回了大量的佛舍利、657卷贝叶梵文真经以及8尊金银佛像。

关于佛舍利的数量，五代梁朝时期的护国录事参军王巾编著的《法师传》中记载，是150枚肉舍利和一匣骨舍利。而存于世上的只有一件石刻的玄奘手迹，大雁塔地宫里或许会保存很多玄奘手迹真迹。

据说，玄奘从印度归来后，唐太宗为了褒奖玄奘的功绩和精神，特别命令后宫动用百宝，组织能工巧匠，用了4年时间为玄奘特制了一件绝好的袈裟，这件宝物也极有可能就藏在大雁塔的地宫里。

雁塔题名历载文化底蕴

大雁塔不同于一般的佛塔，它坐落在当时的大唐都城长安，特殊的地理位置决定了它从建成那天起，就与我国文化结下不解之缘。

从最初的褚遂良亲笔作书，到千古留名的雁塔题名，再到后来的杜甫等五位大诗人相约大雁塔吟诗，千百年来，大雁塔的文化已经成为大雁塔的一部分。

大雁塔在我国古代最令读书人向往的就是雁塔题名。雁塔题名始于唐代，它是指在长安考试中的状元、进士齐集到大雁塔题名，以及武举在小雁塔题名的文化活动。

■褚遂良画像

雁塔题名在我国科举史上历代都非常有名，那是学子们考取功名以后，进行欢庆和纪

■ 大雁塔

念的一系列文化活动的组成部分，同时也是我国古代科举制度重要的传统内容之一。

在唐代，科举制度日趋发展和完善。每年新科进士云集长安曲江进行宴庆，官方便在曲江池西侧杏园设宴欢庆，故称"杏园宴"。

唐中宗时期，杏园宴罢，这些进士又齐集慈恩寺塔下进行题名活动，故称雁塔题名。雁塔题名究竟始于唐中期何时何人，却没有详实的史料记载。但是，雁塔题名的文化活动却一直沿袭到清代末年。

按照唐代的典故，以科举入仕为首要的途径，科举的科目中又以进士科最难，也最荣耀。

当时，从地方到京城，成千上万学子经过层层选拔，最后进士及第者的名额最多也不过30名。这些费尽千辛万苦考取功名的学子，都把"雁塔题名"看成一件非常重要的事。仅在唐代的8000余名及第进士中，就约有五六千名及第者题名于雁塔。

当年，大诗人白居易一举及第，他高兴地唱道："慈恩塔下题名处，十七人中最少年。"其实，白居易这时已经27岁了，可见进士及第之难。

最初，读书人进士及第后题名在塔壁上，是用墨

科举 我国历代封建王朝通过考试选拔官吏的一种制度。由于采用分科取士的办法，所以叫作"科举"。科举制从607年开始实行，到1905年停止，经历了1300多年。

书写的。以后如果再有将相加身，就要用朱砂来书写了。题名之后，如果再被授官升迁或有人再来雁塔，就在旧题名处添一个"前"字，这叫"曾题名处添前字"。这种当时随意性的题名主要是炫耀于当世。

在大雁塔建成后，登塔抒情、赋诗作画的文化活动在历朝历代都一直持续着。千百年以来，登临大雁塔，赋诗抒怀的诗人就多达几百人，留下近千首作品。

大雁塔诗会文化活动之所以在文化史上留下浓重的篇章，其一是因为皇上和朝廷官员的直接参与和推动，其二是金榜题名的状元、进士雁塔题名时频频聚会赋诗。

唐中宗时，每年中秋或九月九重阳节，皇帝都要亲临慈恩寺道场，登高赏秋，和随行官员们一起赋诗抒怀。在这些有利因素的推动下，雁塔诗会一时蔚然成风。其中，最为著名的就是"5人诗会"。

752年，唐代大诗人杜甫、岑参、高适、储光羲和薛据等，到长安城南的慈恩寺游览。5位诗人兴致大发，每人赋诗一首。由于各人生活经历不同，诗的内容和意境也有很大差别。杜甫在诗中写道：

高标跨苍穹，烈风无休时。
自非旷士怀，登兹翻百忧。

朱砂 古时称"丹"，自东汉人们为寻求长生不老药而兴起炼丹术以来，我国逐渐开始运用化学方法生产朱砂。朱砂的粉末呈红色，作颜料经久不褪。我国利用朱砂作颜料已有几千年的历史。

■白居易（772—846），字乐天，又号香山居士，我国唐代伟大的现实主义诗人。有《白氏长庆集》传世，代表诗作有《长恨歌》《卖炭翁》《琵琶行》等。

储光羲（706
—763），唐代
官员，田园山水
诗派代表诗人之
一。诗以描写田
园山水著名，如
《牧童词》《田
家杂兴》等，风
格朴实，能够寓
细致缜密的观察
于浑厚的气韵之
中，给人以真切
之感。

■岑参（715—
770），唐代诗人，是
唐代著名的边塞诗
人。他的诗歌极富
有浪漫主义特色，
气势雄伟，想象丰
富，色彩瑰丽，热
情奔放，尤其擅长
七言歌行。

方知象教力，足可追冥搜。

仰穿龙蛇窟，始出枝撑幽。

七星在北户，河汉声西流。

羲和鞭白日，少昊行清秋。

秦山忽破碎，泾渭不可求。

俯视但一气，焉能辩皇州？

回首叫虞舜，苍梧云正愁。

惜哉瑶池饮，日晏昆仑山。

黄鹄去不息，哀鸣何所投？

君看随阳雁，各有稻粱谋。

杜甫的这首诗，不仅描写了塔的自然景色，更重要的是诗人已预感到社会的动荡不安，他怀念唐太宗时的"贞观之治"，婉转地批评了唐玄宗耽于享乐、不理朝政的荒淫生活。因此，这首诗内容的深刻和艺术意境，都是高适和储光羲的诗所比不上的。

大雁塔的佳作千年不衰，在大唐及以后的历朝历代中，都有很多达官贵人、文人墨客千里来到大雁塔，留下佳作。

深受武则天赏识的上官婉儿，就曾经写下《九月九上幸慈恩寺登浮屠群臣上菊花酒》一诗。

■ 西安大雁塔景观

而描写大雁塔最有名的当属唐代宗大历六年进士章八元。章八元在《题慈恩寺塔》中这样写道：

> 十层突兀在虚空，四十门开面面风。
>
> 却怪鸟飞平地上，自惊人语半天中。
>
> 回梯暗踏如穿洞，绝顶初攀似出笼。
>
> 落日凤城佳气合，满城春树雨蒙蒙。

大雁塔不仅是佛教的圣地，它也是诗词楹联荟萃的宝地之一。

沿着大塔座拾阶而上，就是南门洞券。洞券两旁有楹联"宝舟登彼岸，妙道辟法门"。类似的楹联，在其他3个门洞都能够见到。

在大雁塔塔内一层的明柱之上悬挂着四幅长联。其一摘自唐太宗李世民《大唐三藏圣教序碑》集

贞观之治 我国唐太宗在位期间的清明政治。由于唐太宗知人善用，广开言路，虚心纳谏，使得社会出现了安定的局面。因为当时的年号为贞观，史称"贞观之治"。这是唐代的第一个治世，也为后来的"开元之治"奠定了厚实的基础。

句而成；其二摘自唐高宗李治《大慈恩寺碑》集句而成。它们互相对应，可视为一联。三、四句为玄奘所作。

唐代以后，古都西安已经不再是都城，这对雁塔题名等文化活动产生了一些影响。因此，在古都长安的雁塔题名活动虽延续1000多年，而进士题名仅仅延续到唐末。

后来，在长安仅仅是陕西和甘肃的乡试举人仿效唐代进士雅举，在雁塔题名。之后历代及第进士，也仍在各朝的首都京城进行进士题名，这些是长安雁塔题名文化活动的效仿和延续。

宋代便把雁塔题名的字摹刻上石拓本流传，成为珍贵的文物。其中，有一位新科进士吕大防曾在《礼慈恩寺题诗》中写下了这样的名句：

玄奘译经垂千秋，慈恩古刹闻九州。
雁塔巍然立大地，曲江陂头流饮酒。

明清时期，雁塔题名已经约定俗成，文举在大雁塔，武举在小雁塔，场面庞大，历时多年。因为备受关注和重视，大雁塔的题名刻石完好保存下来的碑文有很多，有的以史料价值见长，有的则以书法杰作为人称道。

■ 大雁塔

楹联 又称对联或对子，是写在纸、布上或刻在竹子、木头、柱子上的对偶语句。言简意深，对仗工整，平仄协调，是中文语言独特的艺术形式。对联相传起于五代后蜀主孟昶，是中华民族的文化瑰宝。

1540年，陕西乡试题名碑文就是"名题雁塔，天地间第一流人第一等事也。"

雁塔题名的故事，使大慈恩寺雁塔成了我国雁塔之鼻祖，潮州雁塔也是沿袭雁塔题名之故事，仿大慈恩寺雁塔而造于湖山之上，可说是大慈恩寺雁塔之缩微，成为潮郡13县科举时代学子向往之处，今塔下偏南岩石上尚存以大埔黄户衣为首等16人的"皇明嘉靖乙卯科题名"石刻。由此可见，古人对雁塔题名的看重。

尽管新科进士们诗兴不减，而大慈恩寺的墙壁毕竟空间有限，不久，白墙便成"花墙"。在大雁塔上题上这些进士的名字的，大都是当年的那些书法好的进士所题写，不过现在得以保留的题名，已经不是当年的那些文字，那些春风得意的中榜进士名人们的得意之作，在历史的风雨中即使没有晚唐时大唐气数已尽的萧条，保存至今同样是困难的。

到了晚唐，因为唐武宗时的宰相李德裕不是进士出身，他对这些进士并不欣赏，于是就下令取消了极有文人气息的曲江宴饮，还让人将新科进士的题名也全数除去了。宋代时，又遭遇大火，一些题名毁去，现在的塔上的这些题名，也是后人保存下来的。

阅读链接

大雁塔还有一个流传千古的"五人诗会"的故事。752年，唐代大诗人杜甫、岑参、高适、储光羲和薛据等人登临大雁塔眺望长安。五人诗兴大发，每人赋诗一首。

当时，岑参38岁，是五人中最年轻的一个。他曾多次随唐军驻守西域，使得他的诗笔雄浑豪放。诗人储光羲写了一首《同诸公登慈恩寺塔》，高适写下一首《同诸公登慈恩寺浮屠》，杜甫写了一首《同诸公登慈恩寺塔》。

可惜的是，这5首诗只有4首保存下来，薛据的诗不知何故失传了。

玄奘对佛教的深远影响

　　玄奘在佛教哲理研究中成就卓越，他和弟子窥基，创立了我国佛教的唯识法相宗，简称"法相宗"。法相宗在我国佛教史和文化史上有着重要的地位和影响，早在唐代就传到日本，一度成为日本最有影

■ 少林寺

响的佛教宗派之一。

"七级浮屠耀三界，五千经卷播四方"，高耸入云的大雁塔，象征着玄奘的崇高人格和伟大精神。大雁塔又像一座参天丰碑，记载着这位舍命求法，呕心沥血翻经，为中华文明和中外交流做出丰功伟绩的一代高僧辉煌灿烂的一生。

据史料记载，唐代高僧玄奘曾经两次向唐太宗表达入住少林寺的意愿，但都被唐太宗委婉拒绝。而玄奘想入居少林寺的愿望始终没能实现。这件事对玄奘来说或许心里会有些遗憾，然而对于大雁塔来说，玄奘的留下无疑是意义深远的。

大慈恩寺因唐代高僧玄奘曾在这里译著经书而名闻天下，因而前来大慈恩寺游览瞻仰的人，不计其数。大雁塔作为西安的象征，历经千年，曾经有过特别辉煌的历史。

唐代的长安，不仅是当时大唐的政治、经济、文化中心，而且还是宗教中心和佛教的重地。

■ 西安城墙护城河

西安 古称"长安""京兆"，是举世闻名的世界四大文明古都之一，居我国四大古都之首，是我国历史上建都朝代最多、影响力最大的都城。

八大宗派 我国佛教出现过许多派别，主要有八宗：三论宗、瑜伽宗、天台宗、贤首宗、禅宗、净土宗、律宗和真言宗。就是通常所说的性、相、台、贤、禅、净、律、密等八大宗派。

■ 唐太宗李世民石刻雕像

当时，我国佛教的八大宗派，其中六大宗派开创在长安及附近，而大慈恩寺是法相宗的祖庭。

这些宗派，在唐代已先后流传到日本，经1000多年的传承，经久不衰。据日本宗教年鉴记载，仅真言宗、律宗、净土宗、华严宗及大慈恩寺这5个宗派，就有4万多个寺院，2700多万名信徒。

玄奘及其高足弟子窥基在大慈恩寺创立的慈恩宗，于唐高宗时期东传到日本，至今仍有十几万的信徒和近百所寺院，日本的慈恩寺就是其中之一。

在唐代，从唐太宗贞观四年至唐乾宁元年的200多年间，日本派到我国的遣唐使就有19次。在这其中，日本高僧道昭和玄奘的友谊，特别感动人。

653年，日僧道昭随遣唐使来到长安，入大慈恩寺师从玄奘法师。当时，道昭25岁，玄奘对这位异国的年轻和尚极为热情，让他和自己同居一室，朝夕相处，给他讲经说法，传授经典。

在道昭学成归国时，玄奘赠予他两件礼品，一件是玄奘自己翻译抄写的经书，另一件是煎药烧水的铛子，即平底浅锅。

道昭含泪告别时，玄奘对道昭说："这铛子是我从西域带回来的，煎药治病，无不效验，你远涉重洋回归故国，带上它自有用处。礼物虽小，但也是我的一片心意啊！"

就这样，道昭告别了玄奘，告别了大雁塔，告别了大唐，回到了日本。

道昭归国后，以元兴寺为中心，传布法相宗，成为日本法相宗的开山祖师。世称"元兴寺传"，或称"南寺传"，又称"飞鸟传"。

道昭圆寂后，他的弟子遵照道昭生前遗嘱，将尸体火葬，从此，日本才有了火葬的习俗。

作为千年古塔、作为西安的象征，关于大雁塔的保护与开发，也一直是我国人民关心的话题。

在我国180处全国重点文物保护单位中有16座佛塔，大雁塔处于第三位，由此可见大雁塔本身的古建文物价值。

所谓"古塔十有九斜"，大雁塔也不例外，其塔身也是倾斜的。大雁塔的塔身向西的偏离程度达1米多。

早在清代康熙年间，人们就发现大雁塔有所倾斜，后来随着时间的推移，塔的倾斜度竟达到了1米多。

作为国家重点保护的文物，我国对大雁塔进行了多次整修，不仅修葺了大雁塔的塔基座及栏

律宗 我国佛教宗派。因着重研习及传持戒律而得名。实际创始人为唐代道宣。因依据五部律中的《四分律》建宗，也称"四分律宗"。后来因道宣住终南山，又有"南山律宗"或"南山宗之称"。

■ 康熙（1654—1722），清圣祖仁皇帝爱新觉罗·玄烨，清朝第四位皇帝、清定都北京后的第二位皇帝。在位61年，是我国历史上在位时间最长的皇帝，曾开创出"康乾盛世"的大局面。

杆、塔檐、塔顶、台阶，还安装了避雷设施。

经过一系列治理保护措施的实施，大雁塔已基本成功地完成、完善了防盗监控系统、避雷系统、塔座排水系统。

又在大雁塔脚下建立了举世闻名的大雁塔广场，这是亚洲最大的大唐主题文化广场。

大雁塔广场以大雁塔为中心，占地0.67平方千米，包括北广场、南广场、雁塔东苑、雁塔西苑、雁塔南苑、慈恩寺、步行街和商贸区等。

大雁塔广场中央为主景水道，左右两侧分置"唐诗园林区""法相花坛区""禅修林树区"等景观，广场南端设置"水景落瀑""主题水景""观景平台"等景观。

大雁塔广场的整体设计凸显了大雁塔及大唐的文化精神，是古城西安的标志性建筑，也是闻名中外的奇迹。这个奇迹将永远闪烁着历史的熠熠光辉。

阅读链接

关于玄奘给道昭赠送铠子的事，还有一段有趣的传说。话说当年道昭带着铠子登船返回日本，船在海中航行七天七夜，却靠不到岸。

这时，船上有一位占卜者占了一卦，说是海龙王要玄奘的铠子。道昭说这铠子是我师父给的，不能给。于是，船上的人半是哀求半是威逼地说："你不给龙王铠子，我们全船的人谁也活不了！"

道昭无奈，只得忍痛割爱，把铠子投入大海。果然，大船顺利靠岸。铠子虽然舍去，道昭却把玄奘的深情厚谊带给了日本人民。

雷峰塔

　　雷峰塔位于杭州西湖南岸的南屏山麓，有奇峰突起。据《临安府志》记载，从前有个姓雷的人在此筑庵隐居，因而称作"雷峰"。

　　雷峰塔建于975年，是当时的吴越王钱俶为了庆贺他的宠妃黄氏得子而建，称为"黄妃塔"。但民间因其塔建在雷峰上，都习惯称为"雷峰塔"。

　　雷峰塔则以"西湖十景"之一的雷峰夕照和《白蛇传》中白娘子的故事而传遍天下。

吴越国王钱俶兴建黄妃塔

雷峰塔，在我国可谓是家喻户晓、人人皆知。雷峰塔，原名"妃塔"，又名"西关砖塔"，古人则更多习惯称之为"雷峰塔"。

在我国民间，传说中的雷峰塔是从天而降的，主要是为了镇压千年蛇妖白素贞而出现的。而实际上，雷峰塔的建造者是一个凡人，他就是五代时吴越国国君钱俶。

据明末清初的文学家张岱的《西湖梦寻》中介绍，雷峰塔兴建之初，以13级为标准，"拟高千尺"。不料因为财力不济，当时只建了7级。元朝时一场大火后，雷峰塔只留下了塔心。

钱俶生于杭州，是吴越国开国国君钱镠

■ 张岱（1597—1679），又名维城，字宗子，别号蝶庵居士，晚号六休居士。明末清初文学家、史学家，著有《琅嬛文集》《陶庵梦忆》《西湖梦寻》《夜航船》等著作。

的孙子。钱镠在两浙称王时，在他的境内保国安民，对外奉行中原王朝，殷勤有加。一时间，吴越国国泰民安，经济繁荣。

947年，钱弘俶继承吴越国王位，继承了祖先留下的繁荣，也继承了祖先留下的遗训，对中原的各个王朝贡奉殷勤，实在是罕见。赵匡胤建立北宋以后，在宋朝统一全国的政治形势下，钱弘俶更是倾注国有，励精图治，以保一方平安。

■雷峰山上的雷峰塔

吴越忠懿王钱俶，初名弘俶，小字虎子，改字文德，钱镠孙，是钱元瓘的第九个儿子，他是五代十国时期吴越的最后一位国王。

后晋开元中期，担任台州刺史，后来成为吴越国王。宋太祖平定江南时，钱俶出兵策应有功，被授予天下兵马大元帅的头衔。后来他归顺了北宋朝廷，仍然担任吴越国王。

977年，吴越国王钱俶为了庆贺他的宠妃黄氏得子，祈求国泰民安，在西湖南岸夕阳山的雷峰上建造一座佛塔，这就是黄妃塔。

黄妃塔的基底部建有井穴式地宫，存放着珍藏有佛螺髻发舍利的纯银阿育王塔和龙莲座释迦牟尼佛坐像等数十件佛教珍贵文物和精美供奉物品。古塔塔身上部的一些塔砖内，还秘藏雕版印刷的佛教《一切如

赵匡胤 宋太祖，是我国大宋王朝的建立者，汉族。960年，他建立宋朝，定都开封，开创了我国的文治盛世。他是一位英明仁慈的皇帝，是推动历史发展的杰出人物。

阿育王 意译无忧，故又称"无忧王"，是印度孔雀王朝的第三代君主，频头娑罗王之子，是印度历史上最伟大的一位君王。

■ 西湖 位于浙江省杭州市的西南方，以其秀丽的湖光山色和众多的名胜古迹而成为闻名中外的旅游胜地，被世人称之为"人间天堂"，更是我国唯一一处湖泊类文化遗产。

南屏山 在杭州西湖的南岸、玉皇山以北，九曜山以东，主峰海拔101米。因地处杭城之南，有石壁如屏障，故名"南屏山"。旧时山麓多佛寺，一名佛国山。

来心秘密全身舍利宝箧印陀罗尼经》经卷。

　　钱俶毕生崇信佛教，在他任吴越国王时，在境内建造佛塔无数，著名的六和塔、保俶塔就是典型的例子。雷峰塔同样也是钱俶崇信佛教的体现。

　　然而，在风雨飘摇的乱世中，钱俶建造的雷峰塔落成仅一年左右，吴越国就灭亡了。1120年，雷峰塔遭到战乱的严重损坏。雷峰塔建在西湖南岸夕照山的雷峰上，南屏山日慧峰下净慈寺前。雷峰是夕照山的中峰，北宋诗人林和靖的《中峰诗》就是最好的写照：

　　　　中峰一径分，盘折上幽云。
　　　　夕照前村见，秋涛隔岭闻。

　　由此可见，雷峰塔当时已是人们悠游赏景的好去处了。至于雷峰之名的由来，据《临安志》记载，是因为古时候有一个姓雷的人，在此筑庵居住，这座山峰便被称为"雷峰"。也有人考证，中峰又称"回峰"，回峰的"回"字在旧时写作雷，后人以形致误，从而错认为雷峰。

雷峰塔建成后，数次遭到战争的创伤。到了南宋初年，外观已经破烂不堪的雷峰塔在宋兵南下、金兵以钱塘江为前线的拉锯战中再次遭到战火的摧残。

1195年至1200年间，南宋政权决定对全塔进行重修，砖砌塔身也因此从7层减为5层。

雷峰塔重修之后，建筑和陈设重现了往日的金碧辉煌，特别是黄昏时与落日相映生辉的景致，被命名为"雷峰夕照"、列为"西湖十景"之一。

雷峰塔更以其耸峙西湖南岸尽揽湖山胜景，备受讲究游山玩水的南宋统治者的青睐，一时成为南宋宫廷画师争相描绘的题材。南宋以后，雷峰塔景观依然

■ 蓝天下的雷峰塔

■ 金山寺 始建于东晋年间。初建时称"泽心寺"。南北朝梁武帝曾于505年到金山寺参加的水陆大会盛典，是当时佛教中最大盛典。金山寺也因此而名声日盛。

《警世通言》是话本小说集，由明代末年冯梦龙纂辑。与冯梦龙的另两种话本小说集《喻世明言》《醒世恒言》合称"三言"。《警世通言》主要收录了宋元话本与明代拟话本。

兴盛不衰。一位诗人曾经这样赞赏它：

暝色霏微入远林，乱山围绕半湖阴。
浮屠会得游人意，挡住夕阳一抹金。

然而，人们更多得知雷峰塔的，却是因为一个美丽而凄婉的有关白蛇和许仙的传说故事。在雷峰塔与白娘子的传说中，人们忘不了那个以"卫道士"自居的金山寺法海禅师。

根据《警世通言》的记载，许仙和白娘子是到镇江的码头边开了一家药店后认识金山寺的法海禅师的。于是，人们便将法海禅师也牵扯到这个传说里。

金山寺在镇江西北部的金山上，始建于东晋时期，寺内的殿宇楼台依山而建，历来都是我国佛教禅宗名寺。法海也确有其人，虽然法海的身份仍存在争论，但已经可以确定的是，法海的确是一位得道高僧，更有观点认为他是一位对我国佛教发展有卓越建树的唐代高僧。

历史上镇江与杭州的联系是相当频繁的。在我国宋明时期，长江沿岸走水路的人凡是去杭州的，都以镇江为中转点。而当时以丝茶闻名的杭州已经盛极一时，是各路商人的向往之地。

商人们本来就是民间说书艺人"兜售"的对象，把客人熟悉的事物拉进说书的内容里，这样看来把金山寺和雷峰塔并列在一起，也就顺理成章了。

说书人口中的雷峰塔有了白素贞和许仙，又有了法海禅师，便自然而然有了千古绝唱——《白蛇传》。

南宋话本《西湖三塔记》中又进一步反映出白蛇故事的梗概。白蛇名叫白卯奴，一年清明，她在西湖迷了路，得到了奚宣赞的救助。

她的母亲想吃奚宣赞的心肝，两次都被白卯奴救了出来。最后，白氏母女俩都被镇压在西湖三塔下。

阅读链接

《白蛇传》的故事素材最初起源于我国民间发现巨蟒的传闻，后来又受到唐代传奇《白蛇记》的影响。

根据杭州《净慈寺志》记载，在我国宋代净慈寺附近的山阴曾经出现过一条巨蟒。这条巨蟒已经修炼成精，变作女人的相貌，时常祸害百姓。在宋代陈芝光《南宋杂事诗》中，也有"闻道雷峰蛇怪"之说。

此外，在我国民间还有法海做了坏事，躲在田螺壳里不敢出来的传说，也是这个故事的片段材料。《白蛇传》还吸收了一些金山原有的僧龙斗法等传说。

白素贞被法海压在雷峰塔下

■杭州雷峰塔

雷峰塔从建成之日起便备受瞩目，成了远近僧众向往的地方。到了清代前期，雷峰塔以裸露砖砌塔身呈现的残缺美以及与《白蛇传》神话传说的密切关系，成为"西湖十景"中为人津津乐道的名胜。

在明代，有关雷峰塔白蛇的故事又进一步得到了完善。在这一时期出现的著名文学家、戏曲家冯梦龙的著作《警世通言》第二十八卷《白娘子永镇雷峰塔》中已经把《白蛇传》故事做了完整的文字记载，从而形成了《白蛇传》故事的雏形。

小说写的是南宋绍兴年间，南廊阁子库官员李仁的内弟许仙是一家药铺的主管。

有一天，许仙祭祖回来，在雨中渡船时遇到了一位自称是白三班白殿直的妹妹和张氏遗孀的妇人，这位妇人就是蛇精白娘子。两人通过借伞相识，后来，白娘子要与许仙结为夫妇，白娘子又派西湖青鱼精所变的丫鬟小青赠送十两纹银。

■ 杭州西湖雷峰塔

小青在冯梦龙的故事中名叫青青，是杭州西湖第三桥下潭内一条成精千年的青鱼。白娘子下山游湖时，她变成一个婢女，陪伴白娘子。

许仙不知道这十两纹银是官府的库银，当纹银被发现后，许仙被官府发配到苏州。在苏州，许仙与白娘子相遇并结婚。后来，又因为白娘子盗用官府财物而累及许仙，许仙再次被发配到镇江，许仙和白娘子又在镇江相遇复合。

就在这时，法海认出白娘子就是蛇精，便向许仙告知真相，许仙得知白娘子是千年蛇精后，万分惊恐，要求法海收他做徒弟。

于是，许仙在法海禅师的帮助下收压了蛇精和青鱼精。后来，许仙化缘集资，修建了雷峰塔，他在塔内修禅数年，留警世之言后便坐化了。

到了清代，雷峰塔更是成为人们向往的游玩圣

《警世通言》为话本小说集。明末冯梦龙纂辑。与另二种话本小说集《喻世明言》《醒世恒言》合称"三言"。收宋、元、明时期话本、拟话本40篇，都经过加工、整理，题材或来自现实生活，或取自前人笔记小说。

发配 就是充军，是我国宋代的一种刑罚，先在罪犯的脸上刺字，然后送到边远地区去服劳役。分为终生和永久两种，终生就是规定罪犯要服役到死，永久就是要罪及子孙后代。

地，在号称"西湖第一书"的《西湖志》中曾经这样赞美雷峰夕照一景：

孤塔岿然独存，砖皆赤色，藤萝牵引，苍翠可爱，日光西照，亭台金碧，与山光倒映，如金镜初开，火珠将附。虽赤城枉霞不是过也。

就连清朝的康熙和乾隆两位皇帝也曾多次来到雷峰塔游览和品题，"雷峰夕照"胜景更是名闻遐迩。

而清代，不仅雷峰塔的胜景备受关注，关于雷峰塔白蛇传故事也出现了新的内容，"白蛇传"成为清时的"四大民间传说"之一。

大致内容：白素贞这个修炼千年的蛇妖，为了报答书生1700年前许仙前世的救命之恩，化为人形来到人间。后来，白素贞遇到了青蛇精小青，两人从此结伴，亲如姐妹。

在清人方塔成的《雷峰塔传奇》中，小青是一个海岛上修炼千年成仙的青蛇。后来，她来到西湖，统率1万多水族，称霸一方。

白蛇下山以后，降伏了青蛇，使之成为了自己的婢女，并叫她"青儿"。青儿聪明伶俐，勇于助人。她与白素贞名义上虽有主仆之别，实则情同姐妹，安乐与共，患难相扶。

清代中叶以后，一些剧本又将小青改为与白蛇一起在四川峨眉山

古塔瑰宝

无上玄机的魅力古塔

修炼成仙的青蛇。

这个白素贞曾在青城山修炼得道，法术高强。她美貌绝世，明眸皓齿，集世间美丽、优雅和高贵于一身。她天性善良，菩萨心肠，她用岐黄医术悬壶济世造福黎民百姓，深受百姓的赞赏。

许仙姓许，名仙，字汉文，杭州市人，生活在宋朝绍兴年间。据相关历史资料记载，许仙最初不叫许仙，而叫许宣，有关许仙的最早记载是南宋的宫廷话本《双鱼扇坠》，里面有白蛇修炼成精后，与许仙相爱的故事。

许仙待人坦诚，性情善良，他从小父母双亡，靠姐姐姐夫带大，寄居在姐姐家里。他只是一个药铺的学徒，经济很是拮据。

白素贞看到许仙后，见其性格善良，相貌不凡，便施展法力，巧施妙计与许仙相识，并嫁给了他。二人婚后开了一家药铺悬壶济世，瘟疫来临时慷慨义诊，并进行多次义诊。平时常为看不起病的穷人免去

《西湖志》 雍正年间由浙江总督李卫主持修纂。"天下西湖三十六，就中最胜是杭州"，这是一部记载千百年来有关西湖政治、经济、人文、地理等内容的著作，号称"西湖第一书"，是关于古代西湖和西湖文化历史的珍贵孤本。

话本 宋朝时期兴起的白话小说，用通俗文字写成，多以历史故事和当时社会生活为题材，是宋元民间艺人说唱的底本。今存《清平山堂话本》《全相平话五种》等。

■ 西湖边的雷峰塔

■镇江金山寺内的
"江天禅寺"

雄黄 又称作
"石黄""黄金
石""鸡冠石",
是一种含硫和砷的
矿石,质软,性
脆,通常为粒状或
者粉末,条痕呈浅
桔红色。加热到一
定温度后可被氧化
为剧毒,因而蛇
对它反应非常敏
感。加入酒精后的
雄黄驱蛇更远,效
力更大,原因是乙
醇可以作为稀薄剂
增强雄黄的
挥发。

医药费。

金山寺的法海和尚看出白素贞本是千年蛇精,便把真相告诉给许仙,许仙将信将疑。

后来,许仙按照法海说的方法想要验明真相,在端午节让白素贞喝下了带有雄黄的酒。白素贞不明内情喝下雄黄酒后显出原形,却将许仙吓死。白素贞冒险来到天廷盗取灵芝仙草将许仙救活。

后来,法海使用离间之计,把许仙骗到金山寺软禁起来。白素贞来到金山寺寻找许仙,同小青一起与法海斗法,水漫金山寺,却因此伤害了无数生灵。白素贞因为触犯了天条,在生下孩子后,被法海用强大的法力收入钵内,镇压在雷峰塔下。20年后,白蛇的儿子高中状元,来到塔前祭母,孝感动天,白蛇被从雷峰塔下救出,全家终于得以团聚。

传说终归是传说,虽然带有神话色彩,却代表了当时人们对自由、爱情的向往,和对人世间善良、美好的讴歌。

后来，大家普遍认为法海就是唐宣宗大中年间吏部尚书裴休的儿子。裴休，字公美，唐代济源县裴村人。裴休出身官宦之家，家世奉佛。裴休笃信佛教，对佛教颇有研究。

据《金山寺志》等有关资料记载，法海就是裴休的儿子，俗名"裴头陀"，少年时被他父亲裴休送入佛门，取号法海。

法海出家后，领父命先去湖南沩山修行，接着又远赴江西庐山参佛，最后到镇江氏俘山泽心寺修禅。

但建于东晋时期泽心寺此时寺庙倾毁，杂草丛生。46岁的法海跪在残佛前发誓修复山寺。为表决心，他燃指一节。从此，法海身居山洞，开山种田，精研佛理。

有一次，法海挖土修庙时意外挖到一批黄金，但他不为金钱所动，而将其上交给当时的镇江太守李琦。

李琦上奏皇上唐宣宗，唐宣宗对此事深为感动，敕令将黄金发给法海修复庙宇，并敕名"金山寺"。此后，泽心寺便改名"金山寺"。

■唐宣宗（810—859），李忱，汉族，唐朝第十八位皇帝，初名李怡，初封光王，在位13年。宣宗性明察沉断，用法无私，从谏如流，人称"小太宗"。

灵芝 又称灵芝草、神芝、芝草、仙草、瑞草，是多孔菌科植物赤芝或紫芝的全株。灵芝作为拥有数千年药用历史的传统珍贵药材，具有很高的药用价值。

■金山寺全貌

张英 是东汉末扬州刺史刘繇属滂。有勇有谋，是著名的军事统帅。当时袁术与吴景、孙贲合力攻打张英，始终没有成功，后被孙策击溃。

顾八代 清代吏部尚书，姓伊尔根觉罗，字文起，吉林人。1684年，奉命教皇四子雍正皇帝。著有《敬一堂诗钞》《顾文端诗节钞》及《清文小学集注》。

关于法海其人的另一个说法：法海是清朝人，佟佳氏，字渊奢，号陶庵，满洲镶黄旗人。是康熙舅舅佟国纲的次子。

法海在23岁时就考中了进士，改庶吉士。后来，法海被迁升为侍讲学士，官至兵部尚书。后著有《悔翁集》。

在当时，佟家在朝廷的地位非常显赫，佟国纲是康熙的亲舅舅，佟国纲的弟弟佟国维是康熙的老丈人。因此，佟家人多仗着皇亲国戚的光而入仕，但法海不同。

法海的身世比较特殊，他是佟国纲的侍婢所生，从小父亲就不认他，兄弟们也不承认他这个兄弟。而且法海的母亲去世后，佟国纲的长子鄂伦岱不让法海的母亲入祖坟，于是法海和鄂伦岱便成了仇敌。

法海从小就受到父兄的歧视，在压抑的环境下长大，他没有一般贵胄公子的浪荡气，刻苦学习，24岁便凭着真才实学考中了进士。

康熙皇帝得知自己的表弟考中了进士，就将他选在身边充当词臣，后来又担当两位皇子的师傅。当时法海只有28岁，皇子胤祥13岁、胤禛11岁。

康熙十分重视他儿子的择师问题，其他皇子的老师比如张英，顾八代，徐元梦，都是有名的饱学之士，而且比法海要年长很多。法海中进士仅4年，就担当这样的重任，跻身宿儒名流之列，不仅在康熙年间，就是在整个大清朝里他也是最年轻的皇子之师。

胤祥和胤禛后来都成为了英俊潇洒、气宇轩昂、文武全才的人物，这与他们的这位启蒙老师的教导是分不开的。

后来，法海又因故被降为检讨，又官复原职，并擢升为广东巡抚，在任两年，颇有政绩。

阅读链接

关于法海的传说，还有一个《蟹和尚的故事》。这个故事讲的是，法海因管人间闲事，拆散了白蛇娘娘和许仙幸福的一家。当玉帝知道此事后，非常恼怒，想对法海施以惩罚，走投无路的法海只好躲到了螃蟹里。

在螃蟹的体内，和贝类一样也存在类似珠状物的沉积物，形状酷似圆润的珍珠，看起来非常像和尚的头。或者有时候呈现不规则的形状，就像和尚打坐时的三角锥形状。于是，人们很自然地认为那些珠状沉积物就是法海的化身了。

雷峰塔被倭寇焚烧后倒塌

净慈寺与雷峰塔

明朝嘉靖年间，入侵东南沿海的倭寇围困杭州城。

1555年，雷峰塔再度遭到战争的破坏。那些狡诈残忍的倭寇一路侵掠杀戮后，来到杭州城外，倭酋看见雷峰塔，怀疑其中藏有明军的伏兵，便下令纵火烧掉了塔外围的木构檐廊。火灾后的古塔仅仅剩下砖砌的塔身，塔身通体赤红，呈现出沧桑、残缺的风貌。

不久后，雷峰塔的顶部也被毁残，长出了野草、杂树，招来了雀鸟安巢。年届600岁的古塔从此显得老态龙钟，人们戏称其为"老衲"，但它依然突兀凌空。

从明代末年到清代前期，雷峰塔以其裸露的砖砌塔身呈现的残缺美，成了"西湖十景"中最为人津津乐道的名胜之一。

明代末年，杭州的一位名士闻启祥曾将雷峰塔与湖对岸的保俶塔合在一起加以评说："湖上两浮屠，雷峰如老衲，保俶如美人"，此话一出，世人无不赞叹他的绝句。

■ 三潭印月小瀛洲

20世纪初，年久失修的雷峰塔砖砌塔身已经岌岌可危。

这时，市井乡间盛传起雷峰塔砖能"辟邪""宜男""利蚕"等荒诞不经的传言，芸芸众生中对现实和未来失去信心与希望的人们，纷纷想方设法挖取塔砖，并将其奉为至宝。

当时，杭州地方当局曾在塔下筑起围墙以阻隔盗砖的人出入，哪知，这一堵建于封建统治进入末期的围墙是偷工减料粗制滥造的，没过多久，就被一阵风吹倒了一角。于是，盗取塔砖的人照旧鱼贯而入，挖

浮屠 《佛学大辞典》中的解释是浮图，休屠，按浮屠浮屠，这些都是佛陀的异译。佛教是由佛创立的，古人因称佛教徒为浮屠，佛教为浮屠道。后来佛塔也称为浮屠。

砖不止。这时，雷峰塔真如生命垂危的老衲一样，命运危在旦夕了。

20世纪20年代初，我国江南一带洪涝灾害不断，阴霾笼罩。1924年9月25日，以砖砌塔身之躯苦苦支撑了400年遍体疮痍的雷峰塔轰然倒塌了。

雷峰塔倒塌了！这在当时是一特大消息。杭州的大街小巷间，人们奔走相告，许多好奇而又大胆的市民都去夕照山上看个究竟。而想在塔中找寻塔藏宝物的人也络绎不绝。雷峰塔废墟犹如一片未上锁的宝库，被人们糟蹋得惨不忍睹。

雷峰塔的倒塌轰动了当时整个社会，有的军阀派兵夺取塔藏文物；有的人花高价收买塔砖、藏经、古钱；有的人捏造流言蜚语企图乱中取利；有的人伪造塔藏古董牟取暴利。

雷峰塔砖塔坍塌后，人们发现在砖孔内藏有975年北宋吴越国王钱俶施印的《宝箧印陀罗尼经》的经卷，经卷采用川棉纸或竹纸精印，是研究我国早期雕版印刷的珍贵资料。"雷峰夕照"胜景却从此名存实亡。

阅读链接

关于雷峰塔的倒掉在我国民间还有一个传说。白娘子被压雷峰塔后，小青在深山苦苦修炼。若干年后，她修炼成功，去找法海报仇。

小青和法海激烈打斗起来。小青挥起一剑，雷峰塔被劈塌，白娘子得救。二人共同围打法海，法海支撑不住退到西湖边，慌忙中跌进西湖。

白娘子用金钗变成一面小令旗。小青把令旗举过头顶一摇，西湖的水一下子就干了。

法海无处藏身，一头钻进螃蟹肚脐下。螃蟹把肚脐一缩，法海和尚就被关在里面，再也出不来了。

千年雷峰塔重现往日辉煌

　　杭州西湖边雷峰塔的倒塌引起了人们的普遍关注和议论，各界人士一直企盼有朝一日能重建这座古塔。

　　新中国成立后又在其原址上重建了一座新塔。新建的雷峰塔成为我国有史以来第一座彩色铜雕宝塔。

　　新雷峰塔的建设在我国风景保护和建设史册上留下了4项"天下第

■雷峰塔匾额

须弥山 又译为蘇迷嚧、蘇迷卢山、弥楼山，意思是宝山、妙高山，又名“妙光山”。古印度神话中位于世界中心的山，后来被佛教采用。传说须弥山山顶就是帝释天，四面山腰是四天王天。

一”：塔类建筑采用钢材框架作为建筑支撑、承重主体；塔类建筑中采用铜件最多、铜饰面积最大；塔类建筑内部活动空间最宽敞；塔类建筑内部文化陈设最丰富。

雷峰塔塔基的主体是八角形生土台基，每边有方形柱础4个，外缘包砖砌石，对径近43米。东侧的塔基基座是双重石砌须弥座，石面上雕刻着象征佛教“九山八海”的须弥山、海涛和摩羯等图案。西侧地势较高，塔基基座为单层。

雷峰塔塔身对径25米，遗址残存底层3至5米的高度，是套筒式回廊结构，由外套筒、回廊、内套筒、塔心室等4部分组成。内、外套筒用塔砖实砌而成，砖与砖之间用黄泥粘接。

■杭州西湖雷峰塔

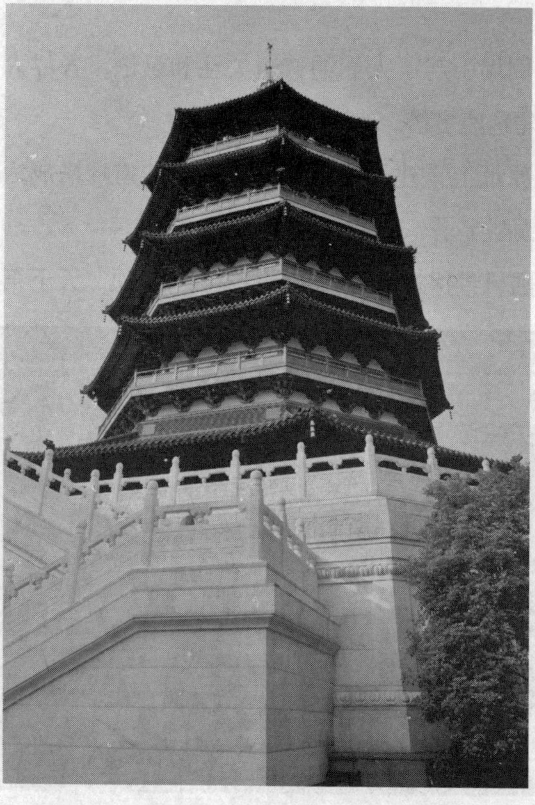

外套筒每边正中央开一小门，南门是攀登楼梯的通道，在北门道两侧的回廊内还设有台阶。回廊的每个转角都设有一个圆形柱洞。内套筒开有4门，塔心室居中。

南宋及后代重建的僧房、道路等遗迹分布在塔基的南北两侧。北

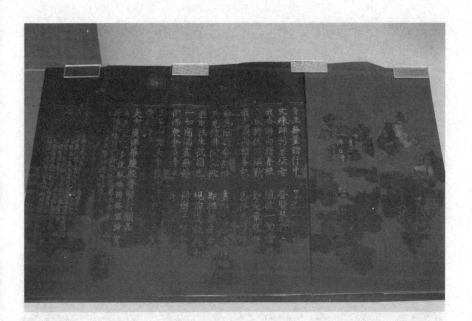

雷峰塔

组建筑残留一排三个柱础及砖砌地面，可能是塔基外围的回廊；南组建筑残留一排两个柱础及部分砖砌地面，可能为3开间的僧房。雷峰塔西南侧有一条砖砌的道路，残长12米、宽17米，用条砖铺砌而成。

和大多数古塔都设有地宫一样，雷峰塔在建立之始也在塔底建有神秘的地宫。

经过我国人民政府对雷峰塔的保护性开掘，在雷峰塔塔底层的回廊、门道内出土了1100多件残石经，共有六七万字。这些石经以唐代僧人兼佛经翻译家实叉难陀新译的80品《华严经》为主，少量是由姚秦鸠摩罗什大师翻译的《金刚经》，文字均用楷书镌刻。同时，还出土了吴越国王钱俶作的《华严经跋》残碑，这块残碑可与《咸淳临安志》等文献记载的碑文相互印证。

在塔底西侧的副阶上，有一方记录南宋庆元年间

■ 《华严经》全名《大方广佛华严经》，是大乘佛教修学最重要的经典之一。据称是释迦牟尼佛成道后，在禅定中为文殊、普贤等上乘菩萨解释无尽法界时所宣讲的重要经典。

《金刚经》是佛教的重要经典，全名为《金刚般若波罗蜜经》。《金刚经》传入我国后，自东晋到唐朝共有6个译本。唐玄奘译本《能断金刚般若波罗蜜经》，共8200多字。

古塔瑰宝

无上玄机的魅力古塔

■ 雷峰塔遗址废墟

重修雷峰塔的残石碑。雷峰塔的地宫位于塔基中央的塔心室下方，造塔之初就被掩埋在生土塔基中。雷峰塔地宫的洞口就位于塔心部位，洞口四周都是高达数米的塔身残体。

雷峰塔的地宫呈竖穴式，距底层砖砌地面2米深。雷峰塔的地宫是方形、单室。地宫的4壁及底面都是砖砌而成，外表用石灰粉刷。密封程度良好，曾经遭到过人为的破坏。

在雷峰塔的地宫内共出土70多件编号器物。铁函位于正中，它的下面、与砖壁的空隙间堆放了大量的铜钱和多种质料的佛教器物、供养器。紧贴西北壁放置了一尊高60多厘米的鎏金铜坐佛，莲花座下以腾龙作为支撑柱，造型极为罕见。

其余三面墙壁粘贴鎏金小铜佛、毗沙门天王像。

毗沙门天王 是藏传佛教与汉传佛教所共同推崇的财神护法毗沙门，其名毗沙门为梵语，意为多闻，表示其福德之名，闻于四方。

其他出土文物还有铜镜、漆镯、银臂钏、银腰带、贴金木座以及玉、玛瑙、琉璃、水晶等小件饰物，这些是象征七宝的供养品。

在雷峰塔的地宫内还存有许多经卷、丝织品等有机质文物，由于早年遭水浸泡，保存状况并不好。据统计，地宫内的铜钱有3000多枚，近30个品种，以"开元通宝"居多，有鎏金的，有囊银的，还有一枚玉制"开元通宝"。铁函内放置鎏金镂空银垫、银盒、纯银阿育王塔、银腰带等金银器。

纯银阿育王塔由塔座、塔身、山花蕉叶、塔刹等组成，方形塔身四面镂刻佛本生故事，内有盛装"佛螺髻发"的金棺，四角的山花蕉叶上饰佛传故事，其造型与五代、两宋时期吴越国境内常见的金涂塔相似，代表了吴越国金银器制作的最高工艺成就。

据文献及出土的残碑考证，雷峰塔是吴越国王钱

塔刹 是指佛塔顶部的装饰，位于塔的最高处，是塔上最为显著的标记。"刹"来源于梵文，意思为"土田"和"国"，佛教的引申义为"佛国"。凡塔都有塔刹。

■ 雷峰塔舍利函

■ 西湖雷峰塔

飞檐 我国传统建筑檐部形式之一，多指屋檐特别是屋角的檐部向上翘起，若飞举之势，常用在亭、台、楼、阁、宫殿、庙宇等建筑的屋顶转角处，四角翘伸，形如飞鸟展翅，轻盈活泼，所以也常被称为"飞檐翘角"。其为我国建筑民族风格的重要表现之一，营造出壮观的气势和我国古建筑特有的飞动轻快的韵味。

俶为供奉"佛螺髻发"而建，是吴越国后期典型的佛塔形制。用于地宫墙体的塔砖上有"未上二"等铭刻，表明营造地宫的上限为辛未年，即971年；而直接覆压地宫的最底层塔身中模印"辛未""壬申"等干支纪年文字的塔砖相互叠压现象，说明雷峰塔开工建设的时间应在972年或者稍后，雷峰塔地宫的营建年代不会晚于972年。

雷峰新塔建在原来的遗址上，保留了旧塔被烧毁之前的楼阁式结构，完全采用了南宋初年重修时的风格、设计和大小来建造的。

这座塔兼具遗址文物保护罩的功能，新塔通高71米，由起到保护罩的作用的台基、塔身和塔刹三部分组成，其中，塔身高约49米，塔刹高约18米，地平线以下的台基深约10米。由上至下分别为：塔刹、天宫、五层、四层、三层、二层、暗层、底层、台基二层、台基底层。

塔身的设计沿袭了雷峰塔被烧毁前的平面八角形楼阁式形制，外观是一座8面、5层楼阁式塔，保留了宋塔的固有风格。

各层盖铜瓦，转角处设铜斗拱，飞檐翘角下挂铜风铃，风姿优美，古色古韵。同时，二至五层还有外挑平座可供观景。用于装饰的塔刹高约16米，塔顶采用贴金工艺。它的外形具有唐宋时期江南古建筑的典型风格，在远处遥望，金碧辉煌。

专门为保护遗址而建的保护罩呈八角形，建筑面积3000多平方米，外饰汉白玉栏杆。保护罩分上、下两层，将雷峰塔遗址完整地保护起来。

雷峰新塔建成后，已经消失了70多年的"雷峰夕照"再次重现。

全塔上、下、内、外装饰富丽典雅，陈设精美独到，功能完善齐备，以崭新的风貌和丰厚的内涵在西湖名胜古迹中大放异彩。游人登上雷峰新塔，站在五层的外观平座上，西湖山水美景和杭州城市繁华尽在眼底。

作为西湖南线的制高点，放眼四下眺望，碧波荡漾的西湖、秀美端庄的汪庄、初见轮廓的南线新景点、绿意葱

■雷峰塔

茏的湖心三岛等一览无余。

而站在西湖东岸的湖滨路远眺，雷峰塔敦厚典雅，保俶塔纤细俊俏，两座塔隔湖相望，西湖山色又恢复了往日的和谐与美丽。

打开一道沉沉的古式门，可以走进新塔底层，这里，就是古塔遗址。而在台基的二层，同样可以看到遗址的模样。整个遗址区被玻璃包围着，以防氧化和人为破坏。

雷峰新塔是一座体现现代工艺的塔。塔中心的部位，是两座透明的电梯，周围是不锈钢扶梯。雷峰新塔也是古今中外采用铜件最多、铜饰面积最大的铜塔，栏杆、装饰瓦、脊、柱等都采用铜制。值得一提是铜瓦，虽为铜制，却呈青铜色，与陶瓦看起来极为相似。而且，这些铜瓦，还通过螺丝相互吃紧，不会像陶瓦或琉璃瓦那样易脱落。

发掘雷峰塔地宫以后，有关部门又采取雷峰塔遗址保护设施，对遗址保护设施的内在功能和外观形象加以延伸、拓展，雷峰塔原有的形制、体量和风貌再次呈现在世人的面前。

阅读链接

《华严经》是大乘佛教修学最重要的经典之一，被大乘各宗派奉为宣讲圆满顿教的经中之王。据称是释迦牟尼佛成道后，在禅定中为文殊菩萨、普贤菩萨等上乘菩萨解释无尽法界时所宣讲。《华严经》汉译本有三种：

一是东晋佛驮跋陀罗的《大方广佛华严经》，也称"旧译《华严》"。

二是唐武周时实叉难陀的《大方广佛华严经》，也称"新译《华严》"。

三是唐贞元中般若的《大方广佛华严经》，全名《大方广佛华严经入不思议解脱境界普贤行愿品》。

虎丘塔

虎丘塔是一座驰名中外的古塔，位于苏州城西北郊。始建于959年，落成于961年，是我国现存最古老的砖塔之一，也是唯一保存至今的五代时期建筑。

塔身设计完全体现了唐宋时代的建筑风格。由于宋代到清末曾多次遭到火灾，虎丘塔日渐倾斜成为斜塔。因此，虎丘斜塔被尊称为"中国第一斜塔"和"中国的比萨斜塔"。因苏州虎丘风景优美、古迹众多，所以有"吴中第一名胜"的美誉。

夫差在旧塔遗址建立虎丘塔

虎丘塔是云岩寺的塔，又称"云岩寺塔"，始建于959年，也就是五代周显德六年，建成于961年，虎丘塔是仿楼阁式砖木结构，共7层，高47米，比意大利著名的比萨斜塔早建200多年。

在古城苏州阊门外西北不远的虎丘，是一个历史悠久、人文景观丰富的风景名胜地，有"吴中第一名胜"

■夫差 姬夫差，又称"吴王夫差"，春秋时期吴国最后一位国君，阖庐之子，公元前495年至公元前473年在位。公元前473年，越灭吴国，夫差自刎。

之美誉。2500年前，"春秋五霸"之一的吴王阖闾在虎丘修城建都，建造行宫，死后就葬在虎丘。

根据《史记》记载，阖闾在吴越之战中负伤后死去，他的儿子夫差把他的遗体葬在这里。当时，夫差调10万军民施工，并使用大象运输砖石，穿土凿池，积壤为丘。灵柩外套铜椁三重，池中灌注水银，以金凫玉雁随葬，并将阖闾生前喜爱的"扁诸""鱼肠"等3000柄宝剑一同密藏在地宫深处。

在虎丘塔还有一块著名的千人石，也叫"千人坐"。据说，吴王夫差为先王阖闾治丧随葬了许多其他的财宝，为在地宫内埋藏了3000柄宝剑和保守秘密，夫差在石上杀害了上千名筑墓的工匠。

传说阖闾下葬3天后，金精化为白虎蹲在他的墓地上，因此便把这里叫虎丘了。

当时民间还有一种说法，是因为丘的形状像一只蹲着的老虎，故名"虎丘"。虎丘山头山门是虎头，山门前两侧的两口井是虎眼，断梁殿是老虎的咽喉，上山的石道是虎背，而斜向青天的虎丘塔则是老虎漂亮有力的尾巴。

据《地方志》记载，早在隋代，隋文帝就曾在虎丘建塔，但那时建的是一座木塔。后来夫差修建的虎丘塔就是在木塔的原址上建筑的，塔身平面呈八角形，高7层，砖身木檐。

五代时期，中原纷争，江南等地比较太平。吴越实施以"保境安民"为宗旨的政策，百官都信奉"造寺保民"，兴建寺院和佛塔。

当时，苏州在吴越国钱氏政权的统治下，仅次于都城杭州的重镇，钱元、钱文奉父子治理苏州数十年，修建了许多佛寺、构筑园林。

据记载，钱元每次浏览虎丘山寺时，都充满兴致。每次前来也都必须规划修缮一番。虎丘的寺院和胜迹在这一时期也得到了维修和发展。虎丘风景幽奇、风光如画。据《吴地记》记载：

> 山绝崖纵壑，茂林深篁，为江左丘壑之表。

虎丘中最引人入胜的古迹就是相传是吴王阖闾墓的剑池。从千人石上朝北看，"别有洞天"圆洞门旁刻有"虎丘剑池"四个大字，浑厚遒劲，是后来唐代大书法家颜真卿的独子颜頵所书。

圆洞内石壁上另刻有"风壑云泉"，笔法潇洒，传说是"宋代四大书法家"之一的米芾所书。在摩崖左壁有篆文"剑池"两字，相传是由晋代大书法家王

羲之所书。这其中还流传一个神鹅易字的故事。

王羲之喜欢养鹅，经常观察鹅的神情动态，他的某些笔势，也是从鹅的曲颈伸缩等动作中受到启发的。

关于"剑池"两字还有一段神话传说。有一天，王羲之来到虎丘游玩，看见池中有一黑一白两只护山鹅，他非常喜欢。这时有一位山僧对他说，只要你为我写"剑池"两字，我就将这两只鹅送给你。

王羲之听后非常高兴，拿起笔来就在这里写了"剑池"两字，当他准备把鹅带回家去的时候，转眼间，山僧不知去向，两只鹅则化为一龙一虎蹲在山头，但是"剑池"两字却永远地刻在这山崖上了。

在剑池的下面就是埋葬吴王阖闾的地方。剑池周长约45米，深约6米，终年不干，清澈见底，池中的水可以饮用，被后人称之为"天下第五泉"。

许多听说或到过虎丘剑池的人，也许都知道剑池是个美妙的地方，但很少有人知道它还是个谜一样的地方。

虎丘剑池，传说剑池并不是天然形成的，而是人工斧凿而成。剑池水中有着春秋末期吴王阖闾的许多宝剑，剑池下面埋葬着吴王阖闾的尸体和珍宝。

后来，秦始皇称帝后为了找到吴王阖闾的墓穴，挖出他陪葬的许多珍宝和宝剑，于是调兵遣将，从咸阳不远千里到达虎丘山下安营扎寨。他们四

■虎丘剑池

处打听，八方开掘，可是折腾了好久却一无所得。

楚汉相争时，楚霸王听到了关于剑池的传说，也对它产生了强烈的兴趣。他带人来到剑池，兴师动众，大肆开掘，结果，和秦始皇的遭遇一样，连吴王阖闾的刀剑踪影也没有找到，更不要说找到吴王阖闾的墓穴了。

到了三国时期，孙权也梦想能找到吴王阖闾的墓穴。他曾亲自带领兵马来到虎丘剑池开挖，但仍是毫无所获。

东晋大司徒王珣和他的弟弟司空王珉为了寻找到传说中埋在剑池下面的宝藏，竟把自己的馆舍建到了虎丘，但是等待着他们的还是只有失望。

到底剑池下面有没有宝藏，很长时间都是一个未解之谜。在虎丘上有一处景观叫狮子回首怒视虎丘。传说，吴王阖闾命令心腹之人用"鱼肠剑"藏在鱼腹内，刺死了吴王僚，然后将他葬在狮子山。后来，阖闾去世，他的儿子将其葬在虎丘山，狮虎遥遥相对，僚是含恨而死的，所以才有狮子回首怒视虎丘的说法。

阅读链接

关于狮子回首怒视虎丘还有一个传说是：秦始皇东巡到虎丘，准备挖阖闾的墓，却看到一只白虎蹲在坟上，于是他拔剑去刺这只老虎，但是没有击中老虎，剑刺在石头上，使石陷裂成池，成为剑池。

后来，白虎占山为王，危害人畜。曾在寒山寺"挂锡"的文殊菩萨的坐骑青狮恼恨白虎作恶，趁文殊菩萨闭目养神的时候，偷偷走出灵山山门，直扑虎丘，将白虎斗死。

但是，时辰已到，坐骑来不及赶回来，因而触犯了佛门戒律，跌落人间，在化作石山时，青狮回头怒望虎丘，所以山体形如卧狮。

隋唐时期古塔的修缮和增建

虎丘塔自夫差建立以来，前来观瞻的人络绎不绝。当时，老百姓生活安定，社会财富有了积累，也有经济能力供养寺院。

提起虎丘塔，就不得不说云岩寺。云岩寺是东晋司徒王珣、司空王珉兄弟舍宅为寺，名"虎丘寺"。当时，云岩寺建于苏州云岩寺池山下东、西两处，本是两个寺。到了唐

■ 李渊（566—635），唐高祖李渊，字叔德。唐朝开国皇帝，杰出的政治家和战略家。618年，李渊称帝，国号唐，定都长安，不久之后便统一了全国。

■ 虎丘塔建造技艺

太湖石 又名"窟窿石""假山石"，是一种石灰岩，有水、旱两种。形状各异，姿态万千，通灵剔透的太湖石，它的色泽最能体现"皱、漏、瘦、透"之美，以白石为多，黄色的较为稀少。

代，为了避唐高祖李渊的祖父李虎的名讳，便改名为"武丘报恩寺"。

841年至847年间，佛寺废毁。后来重建时，把两寺合为了一寺。也就是说，先有云岩寺，后有虎丘塔。

虎丘塔是一座砖结构的塔，但形制属仿木构的楼阁式塔，这是源于印度的佛教建筑塔与我国汉代兴起的多层木构楼阁相结合的产物，是我国早期佛塔的一种主要形制，方形多层的木构楼阁式塔。

据史料记载，三国时的苏州已经有了佛塔，从佛塔建造历史分析，此时苏州的塔也是方形、多层木构的楼阁式塔。由于江南地区气候潮湿，木材极易腐烂，又容易被虫蛀蚀、容易燃烧，因而，在虎丘塔之前的所有的苏州佛塔都没能保存下来，只能从历史文献中觅得一点踪迹。

然而，虎丘塔从宋代开始，曾经遭遇多次火灾，顶部和木檐都遭到了严重的毁坏。虎丘塔原来的高度已经无法知道，现存的塔身高47米多。现在看到的云岩寺塔已经是一座斜塔了，并且是用130万块砖垒制而成，使用的主要是条砖和方砖。塔顶部中心点距塔中心垂直线已达2米多，斜度为约2.5°。

在虎丘塔内有大量的装饰彩塑，如牡丹花、太湖石等立体的灰塑图案；在塔楼二层西南面的内墩上，还刻有两扇毯纹图案的装饰门，这是唐宋时期门的式样；仿木的斗拱、梁、柱子等处都有彩绘，"七朱八白"，鲜艳夺目，从上述这些可以追寻到唐宋时期苏州地区的花卉种植、湖石造景、裱画装饰等技艺的发展情况。

虎丘塔7级八面，是我国10世纪长江流域砖塔的代表作。虽然曾遭遇多次火灾，却屹立千年，倾斜不倒，这与它独特的建筑手法和精良的建筑工艺是密不可分的。

虎丘塔是大型多层的仿木构楼阁式砖塔，一共有七层。塔身若是

■ 苏州云岩寺虎丘塔

■ 虎丘塔建筑结构

壶门 建筑中须弥座的图案及家具中的装饰。须弥座中的壶门佛坛，即"祭佛之坛场"，指供奉、安放佛像在佛堂内砌造的基坛或坛座。须弥座上的壶门装饰砖砌坛等。

恢复初建时的原状，即包含原塔刹部分在内，塔高应该在60米左右。虎丘塔以条砖和黄泥为主要建筑材料，这些都是著名的佛教寺院的主要建筑物。

构成塔身的仿木构部分的柱、枋和斗棋等是以条砖砌筑而成，特别是塔壁外面层间的出檐都以砖砌叠涩构作，外伸不远，这也是虎丘塔与大雁塔的相似之处。随着生产力的发展，后人对虎丘塔的多次修缮和重建，使它在许多方面都超过了建于唐代初期的大雁塔。首先，塔的平面形状由正方形过渡到八边形，这在我国建筑技术上是一个突破。方正规范的四边形建筑，如宫殿、官署、民居等，在传统建筑形式上都是正方形的，改为八边形，构造技术要复杂得多，但防御外力性能也大为增强。

虎丘塔并不是我国第一座八边形塔，但在高层大型的八边形佛塔中却是开创先河的。自虎丘塔建成以后，八边形塔成为我国佛塔的主要形式。

　　虎丘塔采用的是套筒式结构，塔内有两层塔壁，仿佛是一座小塔外面又套了一座大塔。塔层间的连接是以叠涩砌作的砖砌体连接上下和左右的，这样的结构，性能上十分优良，虎丘塔能够历经千年斜而不倒，与它优良的建筑结构是分不开的。

　　虎丘塔塔身的平面由外墩、回廊、内墩和塔心室等几部分组合而成。全塔由8个外墩和4个内墩支承。内墩之间有十字通道与回廊沟通，外墩间有8个壶门与平座连通。

　　自虎丘塔之后的大型高层佛塔也多采用套筒式结构。当代世界上的高层建筑也多采用套筒结构，这足以显示出我国古代建筑匠师们的智慧和技巧了。

　　虎丘塔的砌作、装饰等较其他古塔更为精致华美，如斗棋、柱、枋等已经不同于以往浅显的象征手法了，而是按照木构的真实尺寸做出，斗棋已出跳两次，形制粗硕、宏伟。斗棋与柱高的比例较大。其他，如门、窗、虎丘塔梁、枋等的尺度和规模都体现了晚唐塔建筑的风韵和特点。

　　在建筑功能上，虎丘塔的外塔壁外面出现了平座栏杆，这就使登塔者能自由地走出塔体，扩展视野。在虎丘塔建成

■ 仰视虎丘塔

勾栏 又作"勾阑"或"构栏"，是我国古代一些大城市固定的娱乐场所，也是宋元戏曲在城市中的主要表演场所，相当于现在的戏院。宋代勾栏多同瓦市有关，是大城市里娱乐场所的集中地。

之前的砖塔中，至今还没有发现塔体外建有平座栏杆的先例。

虎丘塔的内外装饰，色彩鲜明浓烈，使仿木的氛围更加逼真。塔壁内外留存的百余幅牡丹和勾栏湖石塑画更是形态各异，生动活泼，栩栩如生。

虎丘塔是我国早期民间修塔的一个典型例子。这座耸立于虎丘的山巅的千年古塔，已成为古城苏州的标志。"以物论史，透物见人"从虎丘塔的兴衰可以见到苏州城市的沧桑变化。虎丘塔的每次毁灭和修建，都折射出当时苏州政治、经济、文化的综合情况。

唐武宗李炎在位时，崇道辟佛，于是他发动了一次大规模的灭佛运动，除了长安、洛阳保留两座寺院，观察使、节度使所在的城市保留一座寺院以外，其余的寺院全部被下令拆毁。当时江苏一带的节度使在润州即现在的镇江，而苏州连保留一座寺院的资格都没有，虎丘山寺和塔也不可幸免地被摧毁了。

古塔瑰宝

无上玄机的魅力古塔

阅读链接

关于虎丘塔第三泉的由来还有一个传说。五代十国时期，列国纷争，太湖边的上浜村百姓都怕本地出皇帝，被逼打仗。有一天，一座宝塔从天而降。有个想当皇帝的人借机说："喜事啊，宝塔镇龙地，皇帝出这里。"

百姓一听这话便动手砸塔，那座宝塔竟腾空而起。孙悟空路过此处，看见宝塔便用金箍棒一拨，宝塔失手落在山顶，塔身没落正，就一直倾斜。孙悟空夹在腋下的一壶美酒也在山上砸开了一座"铁华岩"，这个岩泉形状如瓶，水质甘洌，后人称为"第三泉"。

历经沧桑的古塔数度重建

北宋年间，苏州知州魏庠奏改虎丘山寺为"云岩禅寺"，由律宗改奉禅宗，虎丘塔的塔名也改为"云岩寺塔"。后来，人们又将"云岩禅寺"更名为"虎阜禅寺"，但人们仍习惯称其为"虎丘寺"，把云岩寺塔称为"虎丘塔"。

到了1034年，宋真宗赵恒御书300卷副本藏于虎丘寺中。为此，1037年，寺院又在虎丘寺特建御书阁。1044年，又把禅寺改为十方住持，此后，这里经常是禅僧挂锡的地方。

南宋绍兴初年，高僧绍隆来到虎丘讲经，一时众僧云集，声名大振，于是形成禅宗临济宗的一个派别"虎丘

■ 虎丘塔

刺史 职官，汉初，文帝以御史多失职，命丞相另派人员出刺各地，不常置。公元前106年始置，刺史制度在西汉中后期得到了进一步的发展，对维护皇权，澄清吏治，促使昭宣中兴局面的形成起着积极的作用。王莽称帝时期，刺史改称"州牧"，职权进一步扩大，由监察官变为地方军事行政长官。

派"。绍隆法师名重宇内，声闻海外，法席鼎盛。东南大丛林被称为"五山十刹"，虎丘就是其中的一处。

1136年，绍隆法师在虎丘寺圆寂坐化。虎丘曾经有一所隆祖塔院，日本使者来到我国苏州时，必定先要朝拜隆祖塔，可见虎丘影响之大。

虎丘是个历史悠久、人文景观丰富的风景名胜地。唐代著名诗人白居易任苏州刺史时，曾凿山引水，并修七里堤，使虎丘景致更为秀美。宋代诗人苏轼曾经说过："到苏州而不游虎丘，诚为憾事。"

北宋著名的书学理论家朱长文在《虎丘山有三绝》中写道：

■ 虎丘剑池

望山之形，不越岗陵，而登之者，风见层峰峭壁，势足千仞，一绝也；近邻郭郭，蠹起原隰，旁无连续，万景都会，四边穹窿，北垣海虞，震泽沧州，云气出没，廊然四顾，指掌千里，二绝也；剑池泓淳，彻海浸云，不盈不虚，终古湛湛，三绝也。

朱长文所提的剑池是历代上至朝廷、达官贵人，下至黎民百姓寻踪觅宝的地方。人们向往的不只是剑池的景观，更因为传说中剑池埋藏的无尽宝藏。但是，无论谁去寻宝，始终没有寻到宝藏的踪影。这一切引起了一个人的密切关注，他就是宋代大诗人王禹偁。

剑池到底是天然而成还是由人工斧凿而成，这里是否真的埋有吴王阖闾的尸身，在一系列寻宝失败之后，人们不禁对剑池产生了种种疑问。

为了搞清剑池的真实情况，宋代大名士朱长文曾经到虎丘进行实地考察。他在经过一番实地考察后断言，剑池完全是天造地设的，它是大自然的产物，根本不是人力造就的，古代关于剑池的传说纯是无稽之谈，剑池根本没什么神秘可言。

秦始皇和楚霸王等人之所以屡次寻宝失败，那是因为他们误听传说从而上当受骗。剑池也不过是古代人在这里铸造宝剑时淬火的地方，那么剑池的谜题也似乎迎刃而解了。

虎丘塔另一处神秘的景观是白莲池和点头石，这里还有一个生公讲经的传说。

生公是我国晋代的著名高僧，名叫竺道生。当时，他主要阐述涅槃经，宣扬"苦海无边回头是岸，

■ 虎丘剑池

朱长文（1039—1098），北宋书学理论家。字伯原，号乐圃、潜溪隐夫，苏州吴人。他为太学博士，迁秘书省正字、秘阁校理等职。所辑周穆王以来金石遗文、名人笔记。他著述甚富，本有乐圃集一百卷，南渡后，尽毁于兵火。长于书法理论，所编著《墨池编》《续书断》等，颇为世重。

■ 虎丘塔

胡宗愈 字完夫，江苏常州人，宿从子。举进士甲科。元祐中官至礼部尚书，迁吏部。擅长书法，曾经在成都西楼重刻汉石经。

曾公亮 北宋著名政治家、军事家、军火家、思想家。字明仲，号乐正，汉族人。曾公亮与丁度编撰的《武经总要》，是我国古代第一部官方编纂的军事科学百科全书。

放下屠刀立地成佛"和"一切众生，悉有佛性"等佛教观点。但是，他的学说被旧学不容，遭到北方士大夫的排挤，将他贬出了京城。

于是，生公到处云游来到虎丘，在这里讲经。丘上有一巨石，当时听他讲经的人很多。有1000多个人就围坐在这块巨石上，上书"千人坐"，是后来明代著名学者、诗人、书法家胡缵宗所书。

因为生公的学术观点同样也遭到南方士大夫的排挤，所以他们将这些听经人全部赶走不准再来听经了，但是生公并不灰心，对着听经人留下的块块垫坐石讲经。

他讲了三天三夜，口干舌燥，当他讲到一切恶人皆能成佛时，其中有一块石头突然之间向他微微点头示意，意思仿佛是说我懂了，这块石头就是白莲池中的点头石。

相传，当时正值隆冬季节，池中的白莲花不但没有被冻死，反而竞相开放，池水也盈满了，所以有"生来池水满生去池水空"，"生公说法，顽石点头，白莲花开"的说法。

在宋代，在虎丘山上创建的还有应梦观音殿、转轮大藏殿、水陆堂、陈公楼双井桥、千顷云阁、和靖书院等。

北宋天圣年间，湖州臧逵臧宁兄弟侍奉双亲十年如一日。臧逵积劳成疾，家中十分贫困。臧逵洁斋默念观世音菩萨名号，到了晚上，他就梦见有一个穿白衣的人用针刺他的双耳，早上醒来，身上的病痛完全消失了。

由于臧逵擅长绘画、臧宁擅长精刻，两人便发愿雕塑一尊观音像，但他们不清楚观世音具体的模样。有一天，臧逵又梦见了白衣仙人，醒来连忙回忆梦中的形象。

他描绘的观世音大士容貌清秀，慈祥可亲，体态健美，神态庄重，令人肃然起敬。当时，人们看了无不称好，称为"应梦观音"，

■虎丘观音殿遗址

■朱元璋　明太祖朱元璋，字国瑞，明朝的开国皇帝。原名朱重八，后取名兴宗。1368年，在南京称帝后建立了全国统一的封建政权。统治时期被称为"洪武之治"。

传为佳话。

后来，臧逵画应梦观音图和臧宁刻石观音像这一举动，惊动了当时朝野上下、佛门诸宗。

1073年，官、佛、民各界一致在佛教名山虎丘的第三泉南侧、千人石西侧开辟了一块地方，在此地建起了石观音殿。

1074年9月，石观音殿竣工，开光之日，人潮如涌。极其珍贵的是，上自宰相、尚书，下至知府、知县，公卿大夫曾公亮、胡宗愈、沈括等 92 人，每人书《普门品》一行，每个人都写下自己的官职、姓名，刻在石壁上，希望永远流传后世，成为当时一大盛事。史称"熙宁经刻"。

1388至1334年间，云岩寺有过一次较大规模的修建，塔的维修也第一次见于史料记载，现存的二山门、断梁殿就是当时修建的。同时修缮和改建的还有大佛殿、千佛阁、三大士殿、平远堂、小吴轩、花雨亭等建筑，并铸造巨钟一口，开通2000多米环山溪。

元代末年，群雄并起，到了1356年，张士诚占领平江，就是今天的苏州割据称王。为了保卫城池，张士诚选中水陆要冲的虎丘驻军布防，在开通浚环山溪的同时，沿溪修筑了一座环山城，将名胜之所变成了戒备森严的军事要害。一时间"山上楼台山下城，朱旗夹道少人行。"，但是虎丘土城在军事上并没有发挥作用。

1366年，朱元璋派大将徐达、常遇春率军征讨张士诚，围攻孤城平江长达10个月。相传徐达的攻城指挥部就设在虎丘，而常遇春也在虎丘屯兵，与张士诚军在山塘至阊门南北濠一带展开了激战。

据明代《虎丘山志》记载，常遇春打败盘踞在虎丘的张士诚，虎丘寺把应梦观音图和铜香炉献给常遇春，常遇春并不接受，命令手下去拿虎丘画。

这幅画后来被常州的范某得到。范某开始并不知道画是虎丘山的东西，他母亲有一天晚上梦见一个女子说："送我回去。"

他母亲问："要送你到哪里呢？"

女子回答说："虎丘。"

范某母亲看见画像上有"虎丘"的字样，便嘱咐儿子把画送回虎丘。

在范某运画的船路过浒墅的时候，画又被贼偷去。后来，有人买了此画，在睡觉时也梦见女子说："我家在虎丘，送我回去吧。"

买画的人立即把画送回了虎丘。虽然是民间的传说，却可看出当时人们对虎丘的重视和向往。

明代是虎丘塔历史上的多事之秋，曾经3次发生火灾，毁而复建。第一次是1394年，寺僧不小心酿成火灾，虎丘寺被焚毁，火势蔓延到浮屠塔。

浮屠塔 梵文音译词。佛塔起源于印度，在公元一世纪佛教传入我国以前，我国是没有塔的，也没有"塔"字。梵文传入我国后，隋唐时期翻译家才创造出了"塔"字，作为统一的译名，沿用至今。

■云岩寺虎丘塔

约1403年，虎丘塔被重修，建大佛殿、文殊阁。1417至1419年间，又增建妙庄严阁、千佛阁、大悲阁、转轮大藏殿、天王殿、旃林选佛场等。

虎丘寺第二次发生火灾是在1433年。当时火势蔓延到寺院僧舍，附近的浮屠塔也备受牵连，比上一次火灾更为严重。巡抚侍郎周忱、知府况锺闻知云岩寺住持南邱立志复兴，带头把俸禄捐助给寺院，苏州的官民纷纷捐助财物。

从1437至1453年的15年间，先后修复宝塔、重建大佛殿，而后构建敕赐藏经阁庋藏敕赐《藏经》、三大士殿、伽蓝殿、香积堂、海泉亭等。

嘉靖万历和天启年间，在知府胡瓒宗等倡议和赞助下，又陆续修建了万佛阁、西方殿、伽蓝殿，天王殿。千手观音殿、大悲阁、转轮大藏殿、千佛阁、悟石轩、和靖祠、五贤祠、申公祠、仰苏楼等，并再次修缮虎丘塔。

但是，时隔不久，虎丘寺经历了第三次大火，其中大雄宝殿、万佛阁、方丈楼观，一夜之间销声匿迹了。1638至1640年，巡抚张国维捐俸重建大雄宝殿、千佛阁，并修塔。据考证，虎丘塔的第七层就是当时改建的。

阅读链接

臧逵和臧宁兄弟俩从湖州来到苏州后，就立即召集群众开始立观音像，前后历时10年。

百姓知道了兄弟二人的孝心后，纷纷慷慨解囊，以资捐助。臧逵又在洞庭西山找到了一方太湖美石。这块石头像玉般莹润，又能发出金一般的声音，极不寻常。

臧宁便着手按照臧逵画的图像用心琢雕起来。每当他遇到细微之处感到困难不得其解时，晚上总能梦见心得，就像有人教授一样。经过臧逵10年的精雕细刻，石观音像终于完成，整个石像栩栩如生，人们无不称赞。

坐拥虎丘九宜的拥翠山庄

明代后期，虎丘塔更成为人们游览的胜地。不仅王公贵族趋之若鹜，平民百姓都欣然前往。时人称赞虎丘有九宜：宜月、宜雪、宜雨、宜烟、宜春晓、宜夏、宜秋爽、宜落木、宜夕阳。由此可见，虎

■拥翠山庄

在清代，虎丘经历了一个盛极而衰的过程。虎丘最兴盛的时候，是康熙至乾隆年间。康熙帝玄烨和乾隆帝弘历都曾六次南巡，他们每次下江南时都要光临虎丘。有几次，两位皇帝从浙江返回京城途经苏州还要重游虎丘。

祖孙二人先后在虎丘题写匾额楹联数十处，吟诗不下20首。虎丘山门所悬的"虎阜禅寺"竖匾就是玄烨的手笔。

为此，1688至1706年间，虎丘先后建起了万岁楼、御碑亭、文昌阁以及宏伟的行宫"含晖山馆"，接着又重修了大雄宝殿和千佛阁。

1750年，虎丘寺再次全面修整，1754年，增建千手观音殿、地藏殿，1773年，重修虎丘塔。

当时，虎丘山前山后轩榭亭台逶逦参差，达5000多间，共有胜景200多处。

清朝皇帝也时常光顾虎丘寺。在寺中断梁殿内就有康熙手书"路接天阊"的匾额以及频那耶迦塑像，频那耶迦就是人们俗称的"哼哈二将"，可惜随着时光的流逝，塑像已毁。

到了清朝光绪年间，朝廷又组织在虎丘塔旁增建了著名的景

■ 光绪皇帝画像

观拥翠山庄。拥翠山庄位于虎丘寺的二山门内，面积约600多平方米，利用山势自南往北向上而建。山庄共有4层，入口有高墙和长石阶。

拥翠山庄依山势起伏而建，旧为月驾轩故址。庄中有抱瓮轩、灵澜精舍和问泉亭等处，虽然规模不大，但构筑精巧。

拥翠山庄园门朝向南方，门前有石阶。门楣"拥翠山庄"用正楷书就。大门左右两壁白墙上嵌有"龙、虎、豹、熊"行草大字石刻4方，苍劲有力，气势磅礴。相传由清代桂林的陶茂森所书。

根据李根源《虎阜金石经眼录》记载，"龙、虎"2个大字是1785年，朝廷参议蒋之逵所书，原在5人墓东边的蒋参议祠内。

园基依山势分4个层次，逐层升高，总平面呈纵向长方形，范围虽小，但由于每层台地的布局都不相同，景色十分丰富。

进入山庄门后，就是园的第一层了，这里地势比较低。其间建有抱瓮轩，面阔3间，也是全园的主要建筑。轩东花窗粉墙环绕，墙外即古憨憨泉，轩后有边门可通井台。

井台中间有一井泉，犹如一个盛水的瓮，故把轩

■ 刘墉（1719—1804），字崇如，号石庵，另有青原、香岩、东武等字号，清代书画家、政治家。1751年进士，官至内阁大学士，为官清廉。擅长小楷，传世书法作品以行书为多。

正楷 汉字字体，通行的汉字手写正体字，它是由隶书演变来，也叫正楷、真书、正书，始于汉末。楷书的特点在于规矩整齐，所以称为楷法，一直沿用至今。

庐山瀑布 主要由三叠泉瀑布、开先瀑布、石门涧瀑布、黄龙潭和乌龙潭瀑布、王家坡双瀑和玉帘泉瀑布等组成的庐山瀑布群。因李白《望庐山瀑布》"日照香炉生紫烟，遥看瀑布挂前川"的名句为人熟知。

名称为"抱瓮轩"。轩内原来留有清代书画家、政治家刘墉撰写的一副对联：

> 香草美人邻，百代艳名齐小小；
> 茅亭花影宿，一泓清味问憨憨。

意思是轩对面是真娘墓，有幸与之为邻，因为真娘与名妓苏小小齐名，一泓清冽甘美的泉水从何处来，只有去问憨憨和尚了。

随着山势向上，第二层园景是四角形问泉亭，东南面对古代憨憨泉，因有此泉而设置问泉亭。亭内设有石桌石凳，可供小憩，壁上有"庐山瀑布"挂屏及诗条石碑两块。在亭的西、北两面堆叠太湖石拟态假山，形似龙、虎、豹、熊，和外墙的题字相呼应。

在峰石之间，蹬道沿路种植白皮松、石榴、柴油

■ 蓝天下耸立的虎丘塔

■海涌峰石碑

薇、黄杨及花卉等，自然有致。围墙隐约于树丛间，墙内墙外交相辉映，融为一体，呈现出一幅"拥翠"的生动图景。

问泉亭西侧有一座轩榭，轩榭南北各有小轩，整个形体就像小舟一样，因此取《水经注》"峰驻月驾"的句意题为月驾轩。这是第三层园景。

月驾轩旧时有题额"不波小艇"，存有状元陆润痒书楹联一副：

在山泉清，出山泉浊；
陆居非屋，水居非舟。

上联写憨憨泉，由清浊之分，写出了自然的可爱、人世的混浊；下联勾画了月驾轩的形态特征，似屋非屋，似舟非舟，未知是在陆上还是在水中。联语通俗巧妙，诙谐有趣。

在月驾轩内壁间嵌有1796年由清代史学家、汉学家钱大昕隶书"海涌峰"石碑，书风古朴端丽，不愧是大家手笔。后来，这通石碑在虎丘山麓被发现后移嵌于此。

■虎丘抱瓮轩

古塔瑰宝

无上玄机的魅力古塔

由月驾轩向上走，就是第四层园景。这时灰拥翠山庄的主要建筑灵澜精舍。"灵澜"就是"美泉"，指憨憨泉。轩内原有洪钧撰书楹联一副：

部狮峰底事回头，想顽石能灵，不独甘泉通法力；为虎阜别开生面，看远山如画，翻凭劫火洗尘嚣。

上联写出了有关虎丘的3个故事，狮子回头望虎丘的故事、生公说法、顽石点头的故事，憨憨泉的故事；下联则描写拥翠山庄远眺所看到的别开生面的自然景观，衬托出山庄优越的地理位置。

灵澜精舍东侧有平台突出园墙外，围以青石低栏，形制古朴，既可纵观虎丘山麓，又可仰望虎丘古塔。台下就是上山的路。

走过前厅抱瓮轩，从后院东北角拾级而上，就来到了问泉亭。顺着曲磴向北是山庄的主厅灵澜精舍，厅的前面和东侧都有平台，经过厅的西侧门，可直接来到虎丘塔下。

拥翠山庄没有水，但依凭地势高下，布置建筑、石峰、磴道、花木，曲折有致，又能借景园外，近观虎丘，远眺狮子山，是在风景区中营建园林较成功的实例。

关于虎丘剑池的谜题，到了明、清时代仍受到许多人的关注，也有人对剑池是否藏有宝藏持怀疑的态度。许多不同意朱长文和王禹偁看法的人，给后人留下了大量的宝贵资料。

其中有一位不太知名的古人，在一本叫做《山志》的书中，记下了这样的一件事：

> 公元1512年，苏州剑池忽然水干见底，当时，人们奇异地看见一面池壁上有扇紧关着的石扉。
>
> 有的游人的好奇心的驱使下，竟然大着胆子下到池里去探访。在剑池的石壁上，人们看见了明代宰相王鏊等人留下的题记……。

这段记载尽管很简单，但它无疑地向人们表明，以前关于剑池埋葬着吴王阖闾和大量珍宝的传说，并非完全是无中生有，而很可能就是事实。

1669年，虎丘被圈入行宫，1860年，虎丘塔毁于火灾。然而，在1860至1863年间，虎丘饱受兵火战乱的摧残，进入衰落时期。虎丘塔成为危塔，西风残照，人迹罕至，荒凉不堪。直到1871年，虎丘寺的殿宇才略有恢复，但是规模已大不如前。

阅读链接

虎丘寺断梁殿的断梁因何被保存下来的？这其中还有一个故事。

话说清朝乾隆皇帝南巡时，曾下令修建虎丘庙门。由于当时时间非常紧迫，就在准备上梁的时候，才发现原先准备做为大梁的整块木料已经被作为顶梁锯成了两截。

由于限期的临近，无法另外寻找到合适的木料，人称"赛鲁班"的老木匠得到高人指点后，就用这根断梁终于如期完工。乾隆皇帝听到此事后非常高兴，特别奖赏了这位能工巧匠，断梁也从此被保留下来。

千年古塔谜题的初步破解

人们对虎丘塔千载如故，对虎丘塔旁的虎丘剑池的探索更是一如既往。

新中国成立以后，许多专家学者先后到虎丘进行了实地的考察和研究。最终，专家学者们推翻了宋代朱长文、王禹偁等人的结论，得

■ 苏州虎丘水景

出虎丘剑池不是天然形成而是由人工修建的。

虎丘原是吴王阖闾和他儿子夫差的陵墓。阖闾生前认真研究了古代皇家建造陵墓的规律，细致地勘测了剑池一带的地理条件。他了解到古代皇家建造陵墓，第一要规模宏大，第二要精巧和隐蔽。

剑池地势险要，依山近水，终年流水不断，很合乎古代营造王陵的规矩，因此吴王阖闾就决定在这里建造自己的陵墓。

吴王是"春秋五霸"之一，他为了防止在自己死后有人来盗尸和挖宝，在生前就用心选择营造陵墓的场所。后来，阖闾驾崩了，他的儿子夫差，就遵从他的遗嘱，按照古代营造王陵的规矩办理，经过精心施工，把阖闾的遗体葬在了剑池下面，并把他生前喜爱的宝剑和珍宝用来陪葬。

为了最后弄清虎丘剑池的真实面貌，1955年，在许多科学家的倡导下，苏州市政府决定组织力量对剑池进行疏浚开掘。

要准备挖掘剑池，第一步是运用现代化的手段，把剑池里的水抽干。在机器日夜不停地工作几天后，剑池的水终于被排完了。人们在清除污泥后，清楚地看到了剑池塘全貌。

剑池的面积不大，池深约5米，池的底部很平

■ 唐伯虎（1470—1523），唐寅，字伯虎，又字子畏，号六如居士、桃花庵主等，他与祝允明、文征明、徐祯卿并称"江南四才子"，绘画与沈周、文征明、仇英并称"吴门四家"。

春秋五霸 从公元前770年到公元前476年的春秋时期，一些强大的诸侯国为了争夺霸权，互相征战，先后称霸的五个诸侯是指齐桓公、宋襄公、晋文公、秦穆公和楚庄王。

八仙桌 指桌面四边长度相等的、桌面较宽的方桌。大方桌四边，每边可坐2个人，四边围坐八个人，犹如八仙，因而称之为"八仙桌"。

春秋 我国古时代的名称，因鲁国编年史《春秋》得名。一般指公元前770年至476这个时期。这一时期是我国历史急剧变化，学术文化异彩纷呈，古代文明逐渐向中世纪文明过渡的时期。

■ 虎丘塔旁的大殿

坦，它的东西两面石壁自下而上都很平直，剑池东面石壁上砌着两块经过雕刻的石板，石板上赫然写着王鏊、唐伯虎等明代名人的手迹。

这些文字的内容与古人在《山志》一书中的记载相符。这些发现，以十分确凿的证据证明了剑池是由人工开山劈石而成，古代宋长文、王禹偁等人断言剑池是由天然而成，是缺乏事实根据的。

科学工作者开始刷洗剑池石壁上的苔藓，经过核实，在剑池东侧的岩壁上的确有明代长洲、吴县、昆山3县令吾翕等人以及唐伯虎、王鏊等人的石刻记事两方，载有1512年，剑池水干，人们在池底发现吴王墓门的简单情况。

清理出剑池的污泥后，人们发现在剑池两壁自上到底切削平整，池底也很平坦，没有高低欹斜的现象，显然是由人工开山劈石凿成的。

剑池南有土坝一个，与石壁3面相连，面积约1平方米，相当于八仙桌大小。土坝低于平时水面1米，是人工筑成用来蓄水的。由于池北最狭窄的地方，有一个洞穴和向北延伸约3米多长的人工开凿的隧道，身材魁梧的人可以单独出入，举手可摸到顶，从上到下方正笔直。

在隧道的尽头是一喇叭形状的出口，前有1米多的空隙地，只能容纳4人并肩站立。前面有用麻砾石人工琢成的长方石板四块，一块平铺土中作底座，三块横砌叠放着，就像一通大碑石。

■苏州虎丘剑池

每块石板的面积不到1平方米。第一块已经脱位，斜倚在第二块上。第二块石板门的石质不同于虎丘本山的火成岩，表面平整。

由于长期受池水侵蚀，显露出横斜稀疏的石筋。根据形制分析，这是一种洞室墓的墓门。剑池是竖穴，南北向，池底的石穴是通路，这和春秋战国时代的墓制形式是完全相符的。

据相关史料记载：

> 阖闾之葬，穿土为山，积壤为丘，发五郡之士十万人，共治千里，使象运土凿池，四周广六十里，水深一丈……倾水银为池六尺，黄金珍玉为凫雁。

这样夸大的描写，虽然不一定可信，但作为春秋末年五霸之一的吴王之墓，建筑规模肯定很大，墓室设计也必然会相当精密和隐蔽。

■ 虎丘塔石板小路

从虎丘后山由泥土堆成和上述种种迹象分析，剑池很可能是为了掩护呈王墓而设计开凿的。墓门后面也很可能存在某种秘密。但是吴王墓是否就在其中，在未经考古发掘证实之前，依然是千古之谜。

疏浚开掘的第二步，是查清剑池的地下秘密，寻找吴王阖闾墓穴。在抽干剑池积水后，有人在池底岩石中间意外地发现了一个三角形洞穴。几天后，几个人小心翼翼地把洞穴扩展开，用木板铺设在地上，持着手电筒，踩着木板铺成的路，一个接一个地钻进了洞内。

地下洞穴的通道阴森潮湿，长约10米。人在里面穿行，举手便可以摸到洞顶。人们靠着手电筒的光亮，走过了那侧面狭长的通道后，来到了洞的尽头。洞尽头比刚进洞进的通道要宽敞些。

人们一进到比较宽敞的洞尽头时，迎面碰到了三块矗立着的长方形的石板，每块石板都是近1米高、约1米宽。大家猜测，这3块石板可能就是吴王阖闾陵墓门，在石板后面可能就安放着吴王阖闾的遗体和珍宝。

可是，几天后，正当部分科学考察工作者准备着手搬开3块长方形石板时，突然接到了停止开掘墓穴的通知。

通知中说明如果当真要打开深藏在剑池底下的那个墓穴，那建在剑池边上的虎丘宝塔就可能毁于一旦，整个虎丘风景区也将随之化为乌有，这样损失就太大了。科学考察工作者们只得停止考察。

就这样，剑池之谜的内幕在即将揭开的一刹那被叫停，对于剑池秘密的探索也就因此告一段落。

1956年，研究者在虎丘塔内发现了大量文物，其中有越窑、莲花石龟等罕见的艺术珍品。然而，古老的虎丘塔经历岁月的风霜，塔体已经倾斜弯曲，浑身裂缝，岌岌可危。塔的第七层塔刹部分毁坏无存，塔刹顶部已变成一个空洞，抬头可见蓝天白云。

苏州有关部门针对虎丘塔这一状况及时进行抢修。首先对塔身进行了加固，即在每层塔身加钢箍3道，并在每层楼面的东西方向和南北方向加置十字钢筋，与塔身钢筋拉结在一起；对塔体裂缝和塔壁缺损部位喷灌水泥砂浆进行修补。

这次抢修时，还在塔的二、三、四层的楼层窖穴中发现了越窑青瓷莲花碗、楠木经箱、刺绣经帙、檀

095

第一斜塔 虎丘塔

■ 虎丘塔远景

树木掩映中的虎丘塔

龛宝相和石函、经卷、经袱、钱币和铜镜等一批五代至北宋初年的文物，为研究虎丘塔和五代、宋初的苏州的历史提供了大量珍贵的实物资料。

特别是越窑青瓷莲花碗，碗身和承托都由大瓣莲花图案组成，犹如出水芙蓉，造型精美，釉色滋润，为青瓷中的极品，后来被定为国家一级文物。1961年，虎丘塔被国务院列为全国重点文物保护单位。

1981年至1986年，虎丘塔又进行了第二次大修。这次以加固塔基和基础为主，在塔底外围处共打了44个深坑，直至岩石层。再在坑里构筑混凝土壳体基础，塔体稳定，倾斜和沉降的变化都降到了极小的范围。

几经兴衰的虎丘塔以其雄伟的姿态屹立在虎丘山的山巅上，它是苏州古老历史的见证，更是古城苏州的象征。

古塔瑰宝

无上玄机的魅力古塔

阅读链接

在虎丘上有一个山洞，关于山洞还有一段故事。这个特殊的山洞在春秋时期被称为"勾践洞"。"卧薪尝胆"这个成语就出于此地，据《东周列国志》记载，吴王夫差大败越国后，越王勾践被迫作为人质来到吴国，夫差命人在阖闾墓的旁边造一个石室，让勾践夫妇居住。

相传，这个山洞就是当年勾践夫妇栖身的地方，所以名为"勾践洞"。相传，在晋代有一位卖橘子的老人偶然走进这洞，看见两位神仙在这里下棋，所以勾践洞又被称为"仙人洞"。

嵩岳寺塔

嵩岳寺塔是我国现存最古老的多角形密檐式砖塔，位于郑州登封市城西北太室山南麓的嵩岳寺内，距今已有1500多年的历史。

嵩岳寺始建于509年，原是魏宣武帝的离宫，后改为佛教寺院，520年，改名"闲居寺"，602年，改名为"嵩岳寺"。

嵩岳寺塔的一些元素还具有印度阿育王时期佛塔的特色。是我国唯一一座平面为十二边形的塔，在我国建筑史上具有崇高地位。

由王宫改建成的古老寺塔

　　在幅员辽阔的祖国大地上，随处都可以看到古塔的踪影。无论是皇宫、王府，还是乡野山村；无论是江边、海边，还是寺庙、道观，都可见到那些千姿百态的古塔。

　　我国古塔种类繁多，嵩岳寺塔是我国现存最古老的佛塔，在全世

■ 嵩岳寺

■ 嵩岳寺门

界也不多见。

嵩岳寺塔有些元素还有印度阿育王时期佛塔的特色，而阿育王时期的佛塔，在印度已经找不到了，许多研究印度阿育王时期佛塔的学者和专家必须要到嵩岳寺塔来。

嵩岳寺塔，在登封县城西北6千米太室山南麓嵩岳寺内。嵩岳寺原名"闲居寺"，早先是北魏皇室的一座离宫，后来改建为佛寺。此寺的建造年代在508至520年之间，最少也有1500年的历史。

以寺名命名该塔的"嵩岳寺"始建于509年，就是北魏宣武帝永平二年，这里本是宣武帝的离宫，后被改建为佛教寺院。

520年，嵩岳寺改名"闲居寺"，寺院中又增建殿宇1000多间，其中就包括嵩岳寺塔。到了隋文帝时期，601年，闲居寺再次改名为"嵩岳寺"。

嵩岳寺塔的建筑设计艺术，堪称"古塔一绝"。嵩岳寺为单层密檐式砖塔，是此类砖塔的鼻祖。为

北魏 是由鲜卑族拓跋氏建立的封建王朝，是南北朝时期北朝第一个朝代，又称"后魏""拓跋魏""元魏"。北魏时期，佛教得到空前发展，促进了北魏的封建化和民族融合。

鼻祖 始祖，比喻创始人。鼻是自己的意思，自己上下各9代，共18代：鼻祖，远祖，太祖，烈祖，天祖，高祖，曾祖，祖父，父亲，自己，儿子，孙子，曾孙，玄孙，来孙，晜孙，仍孙，云孙，耳孙。

嵩山景区里的嵩岳寺塔

十二边形，也是我国古塔中的唯一的特例。

嵩岳寺塔是由青砖和黄泥砌筑成的15层密檐式砖塔，平面呈十二边形。

密檐之间矮壁上砌有各式门窗，密檐自下而上逐层收缩，构成一条柔和的抛物线。

寺塔总高约37米，底层直径10米，内径5米多，壁体厚2.5米。塔的外部，分别由"基石""塔身"和"宝刹"组成。

基台随塔身砌成十二边形，台高约85厘米，宽约160厘米。塔前砌长方形月台，塔后砌甬道，与基台同高。

基台以上为塔身，塔身中部砌一周腰檐，把它分为上、下两段。下段为素壁，各边长为280厘米，四向有门。

上部为全塔最好装饰，也是最重要的部位。东、西、南、北四面与腰檐以下通为券门，门额做双伏双券尖拱形，拱尖饰三个莲瓣，券角饰有对称的外券旋纹；拱尖左右的壁面上各嵌入石铭一方。

十二转角处，各砌出半隐半露的倚柱，外露部分呈六角形。柱头饰火焰宝珠与覆莲，柱下砌出平台及覆盆式柱础。

除了壁门的4面外，其余八面倚柱之间各造一个佛龛，呈单层方塔状，略突出于塔壁外侧。

龛身正面上部嵌有一块平石。龛有券门，龛室内平面呈长方形。龛内外都有彩画痕迹。

龛下有基座，正面两个并列的壶门内各雕一蹲石狮，全塔共雕16个狮子，有立有卧，正侧各异，造型雄健、气势恢宏。

塔身是15层叠涩檐，每两檐间相距很近，故称"密檐"。檐间砌有矮壁，檐上砌出拱形门与棂窗，除了几个小门是真的外，绝大多数是雕饰的假门和假窗。

密檐的上部就是塔刹，自上向下由宝珠、七重和轮、宝装莲花式覆钵等组成，高3米多。

塔室内空，从四面券门都可到达。塔室上层以叠涩内檐分为10层，最下一层内壁仍是十二边形，二层以上都改为八边形。这就是"凌空八相而圆"的建筑手法。

嵩岳寺塔由于建筑技术高超，塔身虽用青砖、黄泥垒砌而成，但经历1500多年仍巍然屹立在崇山之中，是我国古代建筑中的罕例，在世界建筑史上占有重要地位。这种富于创造与变化的做法，表现出了我国古代人民的建筑才能和智慧。

到了金代、元代以后，嵩岳寺逐渐走向了衰落，后来，嵩岳寺的主要建筑仅剩下嵩岳寺塔和建于清代的大雄宝殿。

阅读链接

嵩岳寺塔没有塔棚木梯，人们登不上塔顶，这里还有一个古老的传说。

很早以前，寺中和尚跟嵩岳寺塔的和尚住在一起。有一天，小和尚扫地时突然两脚升空又落到地上。老和尚得知此事后四处查看，他看到一条巨蟒正张开血盆大口，把小和尚往肚子里吸。

老和尚招来众和尚，众人商量后，决定用火烧来除掉巨蟒以绝后患。大伙说干就干，他们打开塔门把柴火堆得老高，熊熊大火烧死了巨蟒，也烧掉了塔棚和木梯，从此嵩岳寺中便只剩下一座没有塔棚和木梯的空塔了。

嵩岳寺塔仅存的诗文和碑刻

在我国，宝塔历来是文人墨客向往的地方。历代的名人大士观光寺塔后多会留下自己的墨宝。这些珍贵的文字记载着古塔兴衰的历史。

■嵩岳寺

然而，关于嵩岳寺塔所存的诗文却极其稀少，只有一首流传至今，虽然我们不知道这首诗的作者是谁，但是我们能从这首朴实无华的诗文中感受到嵩岳寺塔的气息。

屋落鸡叫人声和，

嵩山风光如花朵。

魏大塔寺阁千古，

汉柏伸壁迎游客。

这首诗的作者，已无从查考，但他的诗可供后人欣赏。全诗使用白描手法，寥寥几笔便勾勒出一幅美妙动人的画面，令人倾心神往。

诗是语言的艺术，也是一种充满想象力的艺术。诗中的景物和意念可凭欣赏者的想象力描绘出来。

作者用比喻、拟人等修辞手法看似写景、状物，实际上情在景中，理寓诗中。

该诗含蓄而深刻地表达了诗人崇敬自然、眷恋国宝、酷爱中华、执著向善的思想感情。

在嵩岳寺塔的旁边立有一通"大德大证禅师碑"。碑文上刻有详细介绍。这通石碑刻于769年，也就是唐大历四年，主要记述了大德大证禅师的生平事迹和佛教禅宗初祖达摩至大证北宗九祖的传法世系，以及对大证禅师的热情颂扬和悼念。

■达摩菩提达摩 又称菩提达磨，意译为觉法。自称佛传禅宗第二十八祖，是我国禅宗的始祖，故我国的禅宗又称"达摩宗"，达摩被尊称为"东土第一代祖师"。

大历 唐代宗李豫年号，唐肃宗长子。初名俶，封广平王，唐朝第八位皇帝，在位17年。代宗迷信佛教，寺院多占有田地，国家政治经济进一步恶化。779年，代宗驾崩，享年54岁。

■嵩岳寺

这通石碑由唐代宰相王缙撰文，唐代著名书法家徐浩书写，对研究我国禅宗历史及书法艺术具有较高的价值。

碑文内容如下：

广大佛刹，殚极国财，济济僧徒，弥七百众。落落堂宇，逾一千间。藩戚近臣，逝将依止，硕德圆戒，作为宗师。

及后周不祥，正法无绪。宣皇悔祸，道叶中兴。明诏两京，光复二所，议以此寺为观。古塔为坛，八部扶持，一时灵变，物将未可，事故获全。

隋开皇五年，隶僧三百人。仁寿载改，题嵩岳寺，又度僧一百五十人。逮豺狼恣睢，龙象凋落，天官坠构，劫火潜烧，唯寺主明藏等八人莫敢为尸，不暇匡辅。且王充西拒，蚁聚洛师，文武东迁，凤翔岩邑，风承羽檄，先应义旗，挽粟供军，悉心事主。及傅奕进计，以元嵩为师，凡曰僧坊，尽为除削，独兹宝地，尤见褒崇，实典殊科，明勑洎及，不依废省。

有录勋庸，特赐田碾四所。代有都维那惠果等勤宣法要，大壮经行。追思前人，髣髴旧贯。十五层塔者，后魏之所立也，发地四铺，而耸陵空，八相而圆，方丈十二，户牖数百，加之六代禅祖，同示法牙，重宝纱庄，就成伟丽，岂徒帝力，固以化开。

其东七佛殿者，亦曩时之凤阳殿也。其西定光佛堂者，瑞像之庑止。昔有石像，故现应身浮于河，达于洛，离京毂也。万辈延请，天柱不回，唯此寺也，一僧香花，日轮俄转。

其南古塔者，隋仁寿二年置舍利于群岳，以抚天下，兹为极焉。其始也，亭亭孤兴，规制一绝。今兹也，岩岩对出，形影双美。……

明准帝庸光启象设，南有辅山者，古之灵台也，中宗孝和皇帝诏于其顶，追为大通秀禅师造十三级浮屠。及有提灵庙极地之峻，因山之雄，华夷闻传，时序瞻仰。

每至献春仲月讳日斋辰，鹰阵长空，云临层

天宫 天庭圣境，开天始自盘古氏。传说自盘古开天后天地相隔9万里。西昆仑和西王母的瑶池遥遥相对。天有九重，由一重天瑶池上到九重离恨天，共计33层。

■嵩岳寺塔的全貌

岭，委郁贞栢，掩映天榆，迢进宝阶，腾乘星阁。作礼者，便登师子；围绕者，更摄蜂王。其所内焉，所以然矣。

新中国成立以后，相关部门对嵩岳寺塔进行了详细的勘测，并对地宫进行了发掘。在塔地宫内共发现遗物70多件，其中，雕塑造像12件，建筑构件、瓦当、滴水等17件，其他文物41件。

后来，人们又在塔刹内发现了两座天宫。天宫分别位于宝珠中部和相轮中，此外还有银塔、瓷瓶、舍利罐、舍利子等。塔刹的建造年代据推测是在唐代末年宋代初年。

嵩岳寺塔是我国现存最早的一座多边砖塔，它的轮廓线各层重檐均向内按一定的曲率收缩，轮廓线柔和丰圆，饱满韧健，似乎塔内蕴藏着一种勃勃生机。

塔体高高耸立于青瓦红墙绿树之上，为山色林影增添了一抹神奇色彩。它屹立在太室山之阳，衬以绿树红墙，更是显得巍峨壮丽，古朴大方。

阅读链接

塔林里面的塔都可称为"墓塔"，少林寺为在世的素喜大师修建的寿塔是所有寺塔中的特例。寺塔种类很多，建塔经费来自圆寂高僧的遗产和弟子们的捐献。所以，塔的高低大小就代表了墓塔主人生前的地位、功德、弟子多寡、经济状况等。

佛教有"救人一命，胜造七级浮屠"的说法，浮屠就是佛塔。所以，墓塔是不能超过七级的。少林寺高僧素喜大师灵塔是200多年来少林寺首次为活人修建的一座寿塔。素喜大师曾和一批少林武僧加入抗战队伍，他们的爱国情怀为世人称颂。

海宝塔

海宝塔又称"赫宝塔""黑宝塔",位于银川市北郊。据史料记载,407年至427年,大夏国王赫连勃勃重修此塔,因而又称"赫宝塔"。

海宝塔塔身坐落在宽敞的方形六基上,连同台基总共有十一级,通高54米,塔身呈正方形,四面中间又各突出一处脊梁,呈"亚"字形,是我国"十六名塔之一"。

海宝塔因与银川市西的承天寺塔遥遥相对,又俗称"北塔"。海宝塔与银川市内的承天寺塔遥相呼应,是"宁夏八景"之一,素有"古塔凌霄"之美誉。

用青砖砌筑的十二角塔

　　海宝塔的始建年代不详，最早的记载见于明代弘治年间的《宁夏新志》。据古籍所载，黑宝塔在城北1.5千米处，至于当初为何创建也无从详考。

　　到了清代乾隆年间，闽浙总督赵宏燮撰写《重修海宝塔记》时，

■海宝塔石刻碑

才对海宝塔和海宝塔寺有
了考证：

> 旧有海宝塔，挺
> 然插天，岁远年湮，
> 面咸莫知所自始，惟
> 相传赫连宝塔。

赫连宝塔之所以如此
命名，与一个叫赫连勃勃
的人密切相关。赫连勃勃
是南北朝时期大夏国的创
建人，他在407年创建了大
夏国，431年，被吐谷浑所
灭。当时宁夏地区大部分版图属于秦有。

秦的创始人姚兴是一位颇有才华的帝王，在他统
治的20多年里，政治清明，经济繁荣，儒学大兴，佛
教盛行，特别是当姚兴灭了后凉以后，便迎请天竺国
高僧鸠摩罗什来到长安，让众僧聚会，佛徒有主，建
立营寺塔，托意于佛祖，公卿以下，没有不依附于他
的。

佛教的传播和译经活动在我国北朝时期达到了高
峰。据此推测，海宝塔寺和海宝塔始建于后秦，而大
夏国赫连勃勃只是在海宝塔原有的基础上加以重修。

后世所存的海宝塔是1778年重修的遗物。塔身为
楼阁式，全部使用青砖砌筑，共9层11节，通高53.9

■ 青砖砌筑而成的
海宝塔

姚兴 （366—
416），后秦文
桓帝，字子略，
394年至416年
间在位。姚兴在
前秦时任太子舍
人，后秦建国后
立为皇太子。姚
苌每次出征都留
姚兴驻守常安。
姚兴在位22年，
重视发展经济，
兴修水利，关心
农事，提倡佛教
和儒学，广建寺
院。他勤于政
事，治国安民。

■ 海宝塔寺匾额

抱厦 建筑术语,是指在原建筑之前或之后接建出来的小房子,也指围绕厅堂或正屋后面的房屋,在形式上如同接抱着正屋或厅堂。宋代把这种建造形式的殿阁叫"龟头屋",清代叫"抱厦"。龟头屋在两宋时期风行一时,宋人游记中常有"龟首四出"的描述,特别应用于大型风景建筑。

米,平面呈正方型,四壁出轩,即每层四面设卷门的部分均向外突数0.1米,因而在正方形的平面上,又形成只线"十"字型,构成十二角塔。每层出轩部分两侧各设有一个佛龛,龛眉突出。

所有这些,都增添了海宝塔塔身的华丽感和立体感。海宝塔寺这种整体造型风格在我国古塔建筑中可谓是别具一格。

每年农历的七月十五,是海宝塔寺传统的《盂兰盆》法会。届时广大佛教徒云集海宝塔寺,进行佛事活动。举行法会时,寺内香烟缭绕,钟声悠悠,悦耳的僧乐声、僧侣的诵经声以及寺外广场的杂耍声构成一副太平盛世的壮丽画面,使这座千年古刹更加焕发出耀眼的光辉。

海宝塔属于仿楼阁式砖塔,原塔13级,高耸入云，自7层而上，从塔外盘旋凌空而上。重修以后，只有9级，连塔座在内共11级。塔建在每边长19.7米，高5.7米的砖台上。塔后有天桥通向韦陀殿和卧佛殿。塔的平面为十字折角形，每面正中都突出一部分。在高层楼阁式塔中，这种形式极为罕见。

第一层塔的入口有小抱厦，进抱厦入券门，迎面就是罗汉龛，龛的两旁有砖梯可以上登。每层正中辟有券门，两侧置有假龛。券门和假龛上，挑出菱形角牙子三层。从第二层开始，每边挑出三层叠涩，正好作为券门和假龛的底边。

塔身内部也呈十字形，中央是一座方形塔室，每层宽度0.15到0.2米之间。塔刹是用绿色琉璃砖砌成的桃形四角攒尖顶，与众不同之处在于塔刹并无相轮、华盖、宝珠等部分。

这种形制，在我国古塔建筑中极为罕见。走进塔门就是方形的塔室。塔的第二层到第十层，平面形式完全相同，只是尺寸有所差异。沿着楼梯辗转而上就到达塔的顶层。塔的顶部，在四角攒尖顶上置有一个庞大的桃形绿色琉璃塔刹，这与灰色的塔身形成了鲜明的对比。登塔远眺，银川市容尽收眼底，美不胜收。

阅读链接

关于海宝塔还流传着一个马鸿逵箍塔的故事。话说，在银川城北不远的地方住着一户农民。有一天有人向他问路，农民用赶牛鞭一指，不巧鞭梢子甩在问话人的身上，顿时那人的下身落地变成了海宝塔。

不久，银川发生大地震，塔身被震裂。当时在宁夏做官的马鸿逵便命人给塔打了几道铁箍。可是，从那以后，马鸿逵总是头痛。一天，塔给他托了个梦，说他头疼是铁箍的原因。马鸿逵又派人把北塔上的几道铁箍子卸了下来。果然他的头不疼了，而塔的几道裂缝也合了起来。

海宝塔寺及海宝塔的传说

　　海宝塔位于海宝塔寺中，这是一座有着1500多年历史的古刹，寺院内树木成荫，空气清新，环境优美，红墙黄瓦，古朴典雅。古刹飘出的悠悠钟声，绵延不绝。

　　海宝塔寺在清末又称"海宝禅院"，寺院四周杨柳繁茂，绿树成

■海宝塔寺正门

荫，环境十分幽静。

相传，在很早以前，这里曾经是一片湖泊，海宝塔就坐落在一个湖岛上，湖内芦苇丛生、鱼肥水美。每逢农历的四月初四，人们便走出银川城，乘舟向北，过大湖，赶往寺院参加一年一度的庙会。

海宝塔寺坐西朝东，占地面积18000平方米。正门是3间歇山式山门，门楣匾额上"海宝塔寺"4个苍劲有力的大字。

寺院主要建筑有山门、钟鼓楼、天王殿、大雄宝殿、海宝塔、玉佛殿和卧佛殿。这些建筑排列在一条东西走向的中轴线上。

大雄宝殿是寺内的主殿，殿内供奉端座莲台的释迦牟尼三身佛，两侧是十八罗汉，神态慈祥，造型各

■ 海宝塔寺的大雄宝殿

歇山式 我国古代常见的建筑屋顶的构造方式之一。由前、后两个大坡檐、两侧两个小坡檐及两个垂直的等腰三角形墙面组成。在形式多样的古建筑中，歇山建筑是最基本、最常见的一种建筑形式，在四个坡面上各有一个垂直面，故而交出九个脊。这种屋顶多用在较为重要、体量较大的建筑上。

异，栩栩如生。

穿过廊桥，便是玉佛殿，玉佛殿内供奉着释迦牟尼佛成道像。玉佛身高1.5米，是用整块金香玉雕琢而成，整座佛像洁白无瑕，光彩照人。海宝塔耸立在大雄宝殿和玉佛殿之间，是寺内的中心建筑。

玉佛殿后面便是卧佛殿，殿内卧佛7.6米长，神态安详，通体贴金，光灿夺目。佛陀十大弟子恭立其后，给人以端庄肃穆之感。

■海宝塔入口

关于海宝塔的传说故事有很多，有些故事妙趣横生，这些故事都反映了我国人民淳朴善良的世界观和价值观，很有哲理和趣味。其中流传较广的是回族老人治水的传说。

从前，从宁夏川来了一位回族老人。他到处给人看病，教人做好事。宁夏川的人对他很崇敬，可是人们一直不知道他叫什么名字。

一天，回族老人来到银川的北塔寺。北塔寺的住持早就听说他的美德，便热情地接待了他。两人谈得很是投机，便结为好友。后来，回族老人出外行医，就再没回来。

一天晚上，北塔寺的住持做了一个梦，梦见了回族老人回来了，他非常高兴。可是，回族老人面色忧郁地对他说："你不要过于高兴了。我是来告诉你，某月某日，这里将要发一次大水，整个寺院都要被水淹没，到那时，你不必惊慌，领着弟子登上浮图之顶，就可避难。"说完，回族老人就离开了。住持醒来以后，回想起梦中的一切，把老人的话牢牢地记在了心里。

老人说得没有错，发大水的日子到来了。大水突然把北塔寺淹没，寺院的和尚们个个惊慌不已。这时候，寺院住持想起了回族老人在梦中讲的话，就带领弟子，打开浮图，从塔门走了进去。当他们登上第七塔级的时候，大水已经把整个寺院吞没了。面对浩渺的大水，师徒们无不垂泪涕泣。

突然，寺院的住持看见大水中间有一座小岛，在岛上有一个人，只见他身穿长袍，手拿一只汤瓶，很安然地站在岛上。寺院住持仔细一看，此人正是他的好朋友回族老人。他刚要张口喊，回族老人向他摆了摆手，示意不要言语。然后，老人把汤瓶举了起来，

拱北 我国伊斯兰教先贤陵墓建筑的称谓，是阿拉伯语的音译，原意是指拱形建筑物或圆拱形墓亭。中亚、波斯及我国新疆地区称为"麻扎"，意为先贤陵墓或圣徒陵墓。后来，专指苏菲派在其谢赫、圣裔、先贤坟墓上建造的圆拱形建筑物，供人瞻仰拜谒，称只为"拱北"。

115

古塔凌霄

海宝塔

■海宝塔寺鼓楼

小岛上的海宝塔

往下滴水。

老人每滴一滴水，下面的大水就往下退一尺，再滴一滴，大水又退一尺。等到汤瓶的水滴完，北塔周围的水全退了。

寺院住持和僧众看到大水退了，都感到非常惊讶。可是当他们再回头看老人时，老人却不见了影踪，只留下那座小岛。寺院的住持非常感激这位不知名的回族老人，就在岛上给他修了个陵墓。

之后，人们看到的北塔周围的一片湖，传说就是当年大水退了以后留下的。湖中的那个小岛和岛上的陵墓，也一直留在人们眼前。年代久了，上面长了许多芦苇。

后来，湖不见了，小岛也不见了，小岛上的拱北也不见了。只有海宝塔高高耸立在那里，只有回族老人的故事，一直在民间流传。

阅读链接

关于海宝塔还有一个有趣的传说。相传在很久以前，宁夏川是一片汪洋大海。东海龙王的小儿子黑怪龙，偷走龙母的翠钗和小定海银针。这事触怒了龙王和龙母，龙王亲自去捉拿黑怪龙。黑怪龙骑着龙母的坐骑蓝金螭，匆忙向深海逃去。

终于，老龙王把黑怪龙捆绑起来，黑怪龙向海底沉去。蓝金螭担心黑怪龙再露出水面，就跑到东海深处伐木、制砖，用了几年工夫，才把黑怪龙的龙体围盖起来。水干后，地面上就出现了一座高大的塔，这就是海宝塔。

北海白塔

　　北海白塔位于北京北海公园的琼华岛上，建于清代初年，是一座藏式藏传佛塔。白塔始建于清代，已有数百年的历史。

　　据史料记载，清代皇帝听了西域僧人的建议，为了祈祝国泰民安而建立白塔。

　　北海白塔矗立在琼岛顶峰，殿阁耸拥，绿荫环簇，巍峨壮美，不仅庄严肃穆，而且具有天人合一的境界。饱经历史的沧桑北海白塔曾经2次毁于天灾，又数次被重新修葺，成为琼岛顶峰最巍峨、最壮丽的景观。

建于琼华岛顶峰的藏传佛塔

　　北海白塔位于北京北海公园的琼华岛上，建于清代初年，是一座藏式藏传佛塔。据建塔石碑记载，当时有一位西域的僧人，请求皇上恩准建立寺塔以保佑国泰民安。皇帝批准了僧人的请求，于1651年在原广寒殿旧址的基础上修建了永安寺和白塔。

■北海白塔

1679年和1731年，北京城曾先后两次发生地震，白塔在地震中倒塌，每次地震后都进行了重建。后来，塔顶在震波中受损。人们在修复时，发现塔内主心木中藏有一个两寸见方的金漆盒子，盒盖绘有太极图，盒内藏有两颗珍贵的"舍利"，由此证明此塔是一座舍利塔。

■ 上圆下方的白塔

白塔塔高35.9米，上圆下方，富有变化，采用须弥山座式。塔顶设有宝盖、宝顶，并装饰有日、月及火焰花纹，以表示"佛法"像日、月那样光芒四射，永照大地。

塔身正面有一盾形小龛，内塑红底黄字的藏文图案，含"吉祥如意"之意。此龛俗称"眼光门"，又叫"时轮金刚门"。

北海白塔采用的全部是砖木石混合结构，由塔基、塔身、相轮、华盖和塔刹5部分组成。它是一座覆钵式塔，外形与妙应寺的白塔极为相似，但较之妙应寺白塔则更为秀丽。

塔的基座是十字折角形的高大石砌须弥座，座上置有覆钵式塔身。覆钵的正面有壶门式眼光门，内刻"十相自在"的图案。

君权神授 也称"王权神授"，是封建君主专制制度的一种政治理论。认为皇帝的权力是神给的，具有天然的合理性，皇帝代表神在人间行使权力，管理人民。据记载，在我国，夏代奴隶主已经开始假借宗教迷信进行统治。《尚书·召诰》中"有夏服（受）天命。"就是君权神授最早的记载。

塔座边长17米，塔基是砖石须弥座，基座部分安有角柱石、压面石和挑檐石。座上是3层圆台，中部的塔肚是圆形，最大直径达14米。塔上有高大挺拔的塔刹。

从塔的表面只能看到砖和石料，却看不到木构架，但是可以看到塔的通身有306个方形青砖透雕通风孔，这些风孔塔木构架通风的作用，防止塔内的木料潮湿糟朽。通风孔的纹饰雕刻也十分讲究，图案形式更是多种多样，有蝴蝶、芭蕉扇叶、喇叭花、菊花、荷花、宝相花、西番莲花等画像。

在白塔内部有一根柏木立柱，这根立柱是白塔的主心木，高约30米，从塔基处一直通向刹顶。塔身正面的眼光门，周围用钳子土烧制的西番莲花装饰图案，中间是木质的红底金字的"时轮咒"，这就是"十相自在图"，是由7个字组成，译音"杭、

古塔瑰宝

无上玄机的魅力古塔

■北海白塔

恰、嘛、拉、哇、日、呀”，有
“吉祥如意”的意思。这组字图
是由清代藏传佛教的著名领袖章
嘉国师亲手写成，据说这种文字
图案从明代开始经由西藏才传到
内地。

刹座是一个小型须弥座，上
面置有细长的“十三天”刹身，
由十三重相轮组成。十三天之上
覆以两层铜制华盖，下层周边悬
有14只铜铃。塔的顶端是仰月和
鎏金火焰宝珠组成的刹顶。

北海白塔的四周建有天王
殿、意珠心镜殿、七佛宝殿和具六神通殿等建筑。后世所存的天王
殿、意珠心镜殿、东配殿和北侧厢房内都有文物和史料展出。天王殿
是佛殿瑰宝展，意珠心镜殿是藏传万佛造像艺术展。

阅读链接

关于白塔所处之地北海，源于一个古老的传说。传说战国
时期，渤海东面有蓬莱、瀛洲和方丈三座仙山，山上住有神
仙，山中藏有长生不老药。秦始皇统一中国后，派方士徐福等
带数千童男童女，寻找三座仙山以求长生不老药。药没找到，
便在兰池宫建了百里长池，筑土为蓬莱山。汉代武帝仍没找到
仙山，在建章宫后挖一个大水池，取名“太液池”。将挖出的
土在池中堆了三座山，象征蓬莱、瀛洲和方丈三座仙山。自此
以后，历代皇帝都喜欢仿效“一池三山”的形式来建造皇家宫
苑。琼华岛象征蓬莱。

参天古木见证白塔的兴衰

北京北海公园白塔

　　白塔寺是北海的标志性建筑，建造于1651年，也就是清顺治八年。1743年，白塔寺寺名改为"永安寺"。白塔寺主要建筑有法轮殿、正觉殿、普安殿、配殿廊庑、钟鼓楼等。这些殿宇自下而上，依山势而建，错落有致，古韵横生。

　　正觉殿前，建有"涤霭""引胜""云依""意远"四亭。四座亭子不仅对称且典雅美观。由此四亭可以拾级登上白塔。

■北海白塔

　　白塔塔身呈宝瓶形，上部为两层铜质伞盖，顶上设鎏金宝珠塔刹，下筑折角式须弥塔座。塔内藏有经文、衣钵和两颗舍利。塔前有座小巧精致的善因殿。琼岛的西面有悦心殿，殿后有庆霄楼。

　　西北面的阅古楼内存放自魏晋到明代时期的法帖340件，题跋210多件，石刻495方。楼内壁嵌存的摹刻故宫中的《三希堂法帖》，堪称墨宝，是清代乾隆年间原物。附近还有琳光殿，延南熏亭和山腰中的"铜仙承露盘"。

　　在琼岛的东北坡长有参天古木，这里便是"燕京八景"之一的"琼岛春荫"。据《大清会典》记载，在每年农历十月二十五日的燃灯节，塔顶到山下都会燃灯，并请僧人举行法事，祈求国泰民安。

　　在塔前的高台上还建有一座小殿，名叫"善因

法帖 我国书法艺术的载体之一。在纸张发明之前，古人大都将文字书写在简牍或简书上，或者书写在丝织品上，称为"帖"。宋代出现了汇集历代名家书法墨迹，将其镌刻在石或木板上，然后拓成墨本并装裱成卷或册的刻帖，这种刻帖被称为"法帖"。

■唐卡

殿"。殿的四周嵌砌有455尊琉璃砖制小佛，殿中供有千手千眼佛，又称"镇海佛"，传说起镇守北海的作用。

在永安寺东还有两块石碑，分别是1651年的《建塔诸臣恭纪碑》和1731年的《重修白塔碑》。

永安寺西的悦心殿是皇帝临时理政之所，殿后的庆霄楼是冬天观景的最佳处。整个永安寺建筑群从山顶的白塔开始，房屋鳞次栉比，直达岸边的牌坊，再以堆云积翠桥跨过水面，与南面的团城遥相呼应。此外，寺院内还藏有一些元、明、清时代的唐卡、佛像和匾额等。

北海白塔历近千年的风雨侵蚀以及地震和战火，仍然保存完好，除了它塔基牢固、结构谨严以外，历代不断维修也是重要原因。新中国成立后，北海白塔成为世界上保护最完整、外形最壮观的古代高层宝塔。

阅读链接

在康熙年间，北京城遭受过一次大地震，白塔塔身出现几道大裂缝。皇上下令限工匠在十天之内把裂缝修好，抗旨者斩。两个工匠接到圣旨后一筹莫展。到了第10天，两位工匠想到明早就要问斩，便来到白塔下的酒馆喝起闷酒来。

夜晚两位工匠听有人喊"箍大家伙嘞！"便对那人说："你看白塔，算不算大家伙？有本事你就把白塔给我箍了！"话刚说完，一阵风吹来，工匠和酒馆老板就昏昏欲睡了。第二天，人们就看见白塔上新添了三道大铁箍。工匠以为是鲁班祖师爷下凡，马上跪地，望空而拜。

四大寺塔

苏州报恩寺塔俗称北寺塔，最初三国时期孙权建立"通玄寺"，后来将其改名为报恩寺，具有"吴中第一古刹"之称。辽阳白塔坐落于辽东半岛的辽阳市，是东北地区最高的砖塔，也是全国六大高塔之一。

妙应寺白塔位于北京的妙应寺内。因寺内有通体涂以白垩的塔，故俗称"白塔寺"，妙应寺塔是我国独一无二的覆钵式塔建筑。金刚宝座塔位于古都北京的真觉寺内，建于1473年，因在一个高台上建有五座小型石塔，俗称"五塔寺塔"。

吴中第一古刹报恩寺塔

　　苏州报恩寺塔位于我国江苏省苏州市报恩寺内，俗称"北寺塔"，是砖木结构的楼阁式塔，曾经是苏州最高的建筑物。有"吴中第一古刹"的称号。

　　三国时期东吴的孙权为了报答母亲吴太夫人的养育之恩，建立了

■报恩寺塔前的牌坊

"通玄寺"。532年，建成11层塔，北宋时被焚。

734年，通玄寺易名"开元寺"。后来，吴越王钱镠另建开元寺于盘门瑞光塔旁。到了北周时期，钱镠把支硎山报恩寺的匾额移到原开元寺，从此定名为"报恩寺"。

在1078年至1085年间，报恩寺塔重建为9层，1130年，在宋金战役中再次被损毁。

1153年，报恩寺被改建成八面九层塔，砖身木檐，高76米，底层飞檐四出，现存北寺塔的砖结构塔身就是构筑于当时的原物。

塔身的木构部分是清朝末年重新修建的，已不全是原貌了。报恩寺塔曾被刻入1229年的《平江图》石碑中。

报恩寺坐北朝南，并且报恩寺塔建在大殿以北的中轴线上，8角9层，砖身是木檐混合结构。砖构双层套筒塔身，在内、外塔壁之间为回廊，内壁之中为方形塔心室，经由两或四条过道通向回廊，梯级设在回廊中。

回廊地面为木楼板上铺砖，楼板由下层内、外壁伸出的叠涩砖支承。回廊、塔心室和过道均以砖砌出仿木结构的壁柱、斗拱或藻井。

塔外各层塔身以砖柱分为3间，当心间设门，塔

■ 苏州报恩寺塔

北周 南北朝时期的北朝之一，历经五帝，共24年。556年，实际掌握西魏政权的宇文泰死后，长子宇文觉于次年初，自立孝闵帝，国号周，史称北周。

平江图 1229年由南宋绍定二年李寿明刻绘，是宋代平江，今苏州城的城市地图，长274厘米，横142厘米。平江图是我国现存最大最完整的古代碑刻城市地图。

■ 报恩寺古塔

月梁 木构梁架，是我国古建筑发展的主流，梁架最主要的作用是承重。在北方的木结构建筑中，多做平直的梁，而南方的做法则将梁稍加弯曲，形如月亮，故称之为月梁。

身以下为木结构平座回廊，绕以栏杆，栏杆柱升起承托塔身上的木檐，柱分每面为三间。底层之檐在重修时被接长成为副阶。

全塔连同铁制塔刹共高约76米，其中塔刹占全高约五分之一，底层副阶柱处平面直径约30米，外壁处直径17米。尺度巨大，但比例并不壮硕，翘起甚高的屋角、瘦长的塔刹，使全塔在宏伟中又蕴含着潇洒飘逸的风姿。

报恩寺塔是9级8面砖木结构楼阁式，每层都挑出了平座、腰檐，底层对边约18米，副阶周匝，基台对边约34米，重檐覆宇，朱栏萦绕，金盘耸立，峻拨雄奇在吴中各塔中堪称第一。登上塔顶远眺，苏州全景尽收眼底。

报恩寺塔身结构由外壁、回廊、内壁和塔心室组成。每层各面的外壁都以砖砌八角形柱分为3间，于当心间辟门。外壁、八角形回廊两壁及塔心方室壁上，均有砖制柱、额、斗拱隐出，自栌斗挑出木制华拱与昂。

回廊转角处施木构横枋和月梁联结两壁，再以叠涩砖相对挑出，中央铺楼板、墁地砖。廊内置木制梯级。第九层回廊顶纯用叠涩砖挑至中点会合。第八九层塔心方室中央立刹杆，上端穿出塔顶支承刹轮，下端以东西向大柁承托。

塔基分基台与基座两部分，均为八角形石雕须弥座式。基台高1米多，下枋满雕卷云纹。台外散水海墁较现地面低约1米，基座高1米多，边沿距底层塔壁约1米，束腰处每面雕金甲护法力士坐像三尊，转角处雕卷草、如意纹饰。

据考证，塔的外壁与塔心砖造部分，以及石筑基座、基台，基本上为宋代遗构，木构部分则以后代重修居多。各层塔门过道上和塔心方室上的砖砌斗八藻井等仿木构装饰，结构复杂，手法华丽，第三层塔心门过道上的藻井尤为精致。

塔内砖砌梁额、斗拱、斗八藻井，顶层塔心刹杆，内檐五铺作双抄或单抄上昂斗拱，柱头铺作用圆栌斗，

■ 报恩寺塔前的石佛像

观音殿

古塔瑰宝

无上玄机的魅力古塔

补间用讹角斗，内转角用凹斗，以及塔基须弥座石刻等，都是研究宋代建筑的珍贵实物。

报恩寺塔内部为双层套筒，八角塔心内各层都有方形塔心室，木梯设在双层套筒之间的回廊中；各层有平座栏杆，底层有副阶，就是围绕塔身的廊道。这些都与山西释迦塔也就是应县木塔构造相仿。

但副阶屋檐与第一层塔身的屋檐是一坡而下，没有重檐。与释迦塔不同。砖砌塔身每面分3间，正中一间设门。木结构部分曾清光绪年间重修，檐角高耸，又在平座上加了擎檐柱，已部分改变了原样。

副阶柱间连接有墙，平面直径30米，与释迦塔相近；塔全高达76米，比释迦塔高出将近9米。全塔虽尺度巨大，但层数比释迦塔多出4层，比例也比释迦塔高细，加上檐角高举，在宏伟中也蕴含着秀逸的风韵，仍体现了江南建筑艺术风格。

报恩寺塔的四周尚存部分明清时期重建的报恩寺殿堂建筑。

塔东是不染尘观音殿，俗呼楠木观音殿，是苏州保存最完整的明代建筑。殿为重檐歇山造，面阔五楹，进深五间，内四架，前置檐廊，檐高7米，四周檐柱为抹角石柱，内柱用楠木。室内有数10幅画工精细、色彩调和、风格独特的彩绘。

观音殿南建有一长廊，陈列着国内最大的巨型漆雕"盛世滋生图"也称"姑苏繁华图"，长32米，高2米。

塔后有罕见的元代石雕"张士诚纪功碑"。内容是元朝时期，割据江南的吴王张士诚由反元降元，宴请元使伯颜的场面，碑亭以北，是以平远山水为意境的古典山水寺园，池面宽阔，山石空灵，俯视水中巍峨塔影，别有一番情趣。

塔北有古铜佛殿，藏经阁。古铜佛殿曾供铜铸三世佛，单檐硬山造，观音兜山墙，面阔七间，进深六间，五间为殿，左右最后一间为楼，梁架、脊饰具有徽州建筑风格。

藏经阁为重檐歇山楼阁式，楼层面阔七间，进深四间，底层面阔九间，进深六间，原额梵香堂。塔东北有园，山石峭拔，水池萦回，亭榭廊桥各得其所，名为梅圃。塔南临街是4石柱三间5楼木牌坊。

阅读链接

传说，孙权对母亲非常地孝顺，为了建造报恩寺塔，特地请来了诸葛亮帮忙设计。诸葛亮心向刘备，无心为孙权效劳，却又人情难却，便想借机刁难孙权。

诸葛亮建议宝塔要造九层，要精选上好的青铜，浇成一只葫芦，放在塔顶上镇牢塔身，后来称之为为塔刹。于是，孙权请了技艺高超的工匠欧春督办此事。欧春虽已有70多岁的高龄，但是凭他高超的本领，指挥工匠们很快就把青铜葫芦浇铸出来。诸葛亮得知此事后，从这件事判断东吴有许多能人，从此再也不敢小看东吴了。

东北最高的砖塔辽阳白塔

　　辽阳白塔是全国76座古塔之一，坐落于我国辽东半岛的辽阳市，塔高71米，八角13层密檐式结构，是东北地区最高的砖塔，也是全国六大高塔之一。

　　1145年，金世宗完颜雍的母亲李氏在辽阳落发为尼。朝廷出巨资扩建寺院，御敕寺额"大清安禅寺"，并为其在寺旁另建"垂庆寺"

■ 广佑寺

尼院别居。

白塔建于1161至1189年间，是金世宗完颜雍为了歌颂母亲的贞节和德行，就为贞懿皇后李氏建了垂庆寺塔，就是白塔，距今已有近900年的历史。

白塔的基座塔身都以砖雕的佛教图案为饰。塔身8面都建有佛龛，龛内有用砖雕成的坐佛。

塔顶有铁刹杆、宝珠、相轮等器物。因塔身、塔檐的砖瓦上涂抹白灰，故称之为"白塔"。

对于白塔的建筑年代，说法不一。20世纪初的《辽阳县志》说是汉建唐修，但并未提出根据；《东北通史》则根据《金史·贞懿皇后传》及辽阳出土的金代《英公禅师塔铭》推测该塔是金世宗完颜雍为其母通慧圆明大师增建的葬身塔。

日伪时期，为制造"满洲国"的需要，在报刊宣传中，也将白塔说成是金代塔。新中国成立后，一些关心该塔的学者，也将辽阳白塔说成是金世宗为其母建的葬身塔。

1980年我国文物普查时，发现1156年完颜雍为他的母亲李氏建塔的塔铭。

塔铭内容记叙的地理位置与现存的白塔毫无关系，从而否定了金世宗为其母建塔的论点。根据塔的

■ 辽阳白塔

无垢净光舍利塔 位于沈阳市皇姑区塔湾街黄土岗上，建于1044年，1640年重修，是沈阳市现存较古老的建筑之一。因佛塔内供藏1548颗舍利子，又称无垢净光舍利塔。

■辽阳白塔

建筑风格、使用的材料、砖雕的手法及纹饰等，都与有明确记载的沈阳塔湾无垢净光舍利塔、锦州大广济寺塔、北镇崇兴寺双塔一致。

其用砖皆是压印大沟绳纹砖，兽面圆珠纹饰瓦当、仿木结构的砖雕斗拱，砖雕牡丹、双龙、胁侍及飞天等也与辽代中晚期的同类建筑相类同。

据此可证，该塔实为辽代中晚期的建筑。

辽阳白塔高70米，八角13层，是"垂幔式密檐砖塔"。由上而下可分为台基、须弥座、塔身、塔檐、塔顶、塔刹六部分。台基高6米多，周长80米，直径35米多，分2层。下层台基高3米，每边宽22米；上层台基高3米多，每边宽16米多。

须弥座高8米多，向上渐缩，外面青砖雕有斗拱、俯仰莲，斗拱平座承托塔身。塔身高12米多，8米柱形，每面置砖雕佛龛，高9米多，宽7米多。

龛内坐佛高2米多，莲花座约1米。两侧砖雕胁侍高3米，宽1米，足踏莲花，双手捧钵，或持莲合十，神态可掬。

龛上宝盖，璎珞4垂，左右上角，飞天一对，长1米多，飘然平飞。正南斗拱眼壁，横陈木制匾额四方，上面雕刻"流光壁汉"四个楷书大字。塔身上部为密封塔檐，高26米。一层檐下有木质方棱檐椽，椽上斜铺瓦垄。2层至13层逐层内收，各层均有涩式出檐，每两层之间置立壁，壁悬铜镜，共镶96面，映日生辉。

八角外翘，飞椽远伸，椽头下系风铎，共104个，迎风清响。塔顶为砖砌覆钵及仰莲，高约7米，上栓8根铁链，每根长14米，分别于八角垂脊宝瓶相连。塔刹上竖刹杆，高10米，直径1米，中穿宝珠5个，火焰环、项轮各一个。

宝珠鎏金铜质，周长约3米，高约1米。宝珠下系火焰环，周长2米多，相轮在2至3宝珠之间。刹杆帽为铜铸小塔，巍然云天。

后人在维修白塔，清理铁刹杆须弥座时，在刹杆与砖缝间，发现在填缝的碎铜片上，有年字及汉字偏旁部首，当为金元时代维修时的文字残片。

在《重修辽阳城西广佑寺宝塔记》里也提到了圆公和尚主持维修塔寺时的经过，"平治基址，得旧时广佑寺碑，遂复寺额。"

说明在明永乐年间修复庙宇时，发现前代寺碑，将明初以白塔命名的白塔寺，恢复原名"广佑寺"，塔随寺名，称"广佑寺塔"，也就是辽代东京辽阳府广佑寺大舍利塔。这就是现在的白塔。

阅读链接

辽阳白塔脚下有一眼清泉，叫塔泉，与白塔相伴相生。塔泉水清澈甘洌。据说，明代开始用此水制作糖果，名为塔糖。糖体酥松甜脆，后来成为朝廷贡品。

相传在辽阳白塔西南住着一个李老汉。老汉会用大麦做成香甜可口的"脆管糖"，人称"灶糖李"。

一天，李老汉救了一个卖柴的樵哥和一条小青蛇。小青蛇为了报恩，把井水变得又凉又甜。李老汉用井水造糖风味独特，生意也越来越好。

后来，人们就把脆管糖改称塔糖。从此，这个辽阳特产便闻名于世了。

国内唯一覆钵式妙应寺白塔

　　妙应寺位于古都北京阜成门内大街路北的妙应寺内。因寺内有通体涂以白垩的塔，故俗称"白塔寺"，是我国重点保护文物单位。

　　我国常见的塔是楼阁式塔，是多层亭阁组成的方柱体，有四方的、六方的、八方的，塔身逐渐收分，下粗上细，由几层到十几层不等，每层之间有檐，有些是实心的，不能登临；有些是空心的，可以逐层登临。

■ 妙应寺大门

这是我国典型的木结构建筑对印度佛塔改造后的结果，是彻底中国化的。而妙应寺塔却是"覆钵式"的，这种样式的塔，元代才从尼泊尔和西藏传入内地，随着元代推行藏传佛教的国策，这种乳白色的胖肚子塔遍兴于我国南北，成为古塔中数量较多的一种类型。

■妙应寺白塔

妙应寺塔原来是一座辽塔。元朝首领忽必烈营建元大都时，曾将辽塔摧毁，建了这座白色的藏传佛塔。忽必烈之所以毁掉辽代旧塔而建新塔既有政治的原因也有宗教的原因。

在我国元代，人们尊崇藏传佛教。1247年，藏传佛教萨迦派第四代法王萨迦班智达贡嘎坚赞应蒙古王子阔端邀请前往凉州，代表西藏各派僧俗势力与蒙古王室建立了政治上的联系，接受了西藏地方归顺蒙古的条件。

1260年，元世祖忽必烈封萨迦派第五代法王八思巴为国师，并命他创制蒙古新字。当时凡有诏旨，都用蒙古新字，而以各地区原来文字为副。

1264年元朝设立总制院，八思巴以国师身份统领总制院，负责管辖全国佛教事务和藏区的行政事务。

忽必烈（1215—1294），蒙古族，元朝的创建者。他在位期间，建立行省制，加强中央集权，使得社会经济逐渐恢复和发展。他是蒙古族卓越的政治家、军事家。

藏传佛教被奉为国教。

国师也是帝师，地位特别尊崇，正衙朝会，百官班列，帝师则专席于皇帝座侧。后妃公主，因为都曾受戒，见了帝师要膜拜。元代僧人在中原和江南各地骄横不法，《元史》中记载极多。

对藏传佛教如此倚重，同元代推行民族歧视政策有一定关系。当时，元朝政府把居住在我国境内的人分为四等：第一等是蒙古人；第二等是色目人，包括西夏、回回、西域以至留居我国的一部分欧洲人；第三等是汉人，包括契丹、女真和我国北方的汉人；第四等是南人，大体指长江以南的汉人和西南各少数民族人民。

这个等级的划分，基本上根据蒙古征服各个民族和地区时间的先后，"汉人"和"南人"本来有最发达的文化，但因民族地位太低，其文化当然也受到歧视，儒家知识分子的地位居然被摆在娼妓和乞丐之间，居于社会最底层。

这种对儒家的有意轻视，同游牧民族的生活习性和文化基础有关。蒙古人依靠其军事化的社会组织和强大的骑兵军团征服世界的速度太快，文化准备严重不足，当它从部落军事联盟突然成为一个庞大帝国时，它需要适合国家组织的意识形态，而藏传佛教比

膜拜 古代的拜礼。行礼时，两手放在额上，长时间下跪叩头。原专指礼拜神佛时的一种敬礼，后泛指表示极端恭敬或畏服的行礼方式。今人多用"顶礼膜拜"形容对某人崇拜得五体投地。

起儒家来，显然更适合蒙古贵族统治者当时的接受水平和政治上的需要。

1265年，八思巴奉忽必烈之命返回西藏，以确立政教合一的萨迦地方政权在西藏地区的统治。在西藏，他发现了从尼泊尔过来帮助修建藏传佛塔的年轻的建筑工艺师阿尼哥，便把他带回大都，推荐给忽必烈，并在八思巴的总制院任职，总管两京寺观及佛像的建造事宜。

在元朝供职的40年间，阿尼哥培养出很多技艺高超的匠师。1271年忽必烈敕建妙应寺塔，阿尼哥受命主持设计和修建。

经过8年的设计和施工，到了1279年终于建成了白塔，并随即迎请佛舍利入藏塔中。同一年，忽必烈又下令以塔为中心兴建一座"大圣寿万安寺"，范围根据从塔顶处射出的弓箭的射程确定，面积达16万平方米。

作为当时营建元大都城的一项重要工程，寺院在1288年终于落成，因其位于大都城西，所以又称作"西苑"。

从此开始，这里便成为元朝的皇家寺院，也是百官习仪和译印蒙文、维吾尔文佛经的地方。

当年，尼泊尔工艺家阿尼哥在我国一共建造了三座塔：一座在西

■元代阿尼哥塑像

藏，一座在五台山，一座就是妙应寺白塔。它们是中尼两国人民文化交流的结晶。

忽必烈去世后，白塔两侧曾建神御殿以供祭拜。元成宗时，寺内香火极为旺盛。后来的一场特大雷火，烧毁了寺院所有的殿堂，唯有白塔幸免于难。

1433年，明宣宗敕命维修了白塔。1457年，寺庙进行重建，建成后命名为"妙应寺"，但面积只有13000平方米，范围也仅为元代所建佛寺的中部狭长地带。

明清时期寺院又进行过多次维修。乾隆皇帝曾命人在塔刹内放置一批镇塔之物，这些都是佛教的稀世之宝。

1900年，八国联军攻占北京，曾冲入妙应寺将法器、供器等席卷而去。

清代中后期，僧人们将配殿和空地出租，并逐渐演变为北京城的著名庙会之一，每到逢年过节，这里就热闹非凡，以至在北京民间形成了"八月八，走白塔"的习俗。

在妙应寺中还有转塔的习俗，即在每年是十月二十五僧人绕白塔一周，诵经奏乐，众人围在外面观看，摩肩接踵，场面热闹。若干年来，仍有很多善男信女虔诚地绕塔祈福。

1976年的唐山大地震，给这座古塔造成一定程度的破坏。1978年进行修缮加固。

此时，人们在塔刹里发现清乾隆皇帝手书的《般若波罗蜜多心经》、梵文《尊胜咒》《大藏真经》等大批经书，还有木雕观音菩萨像、补花袈裟、五方佛冠、铜质三世佛、5米长的哈达、织锦，以及装有八宝、念珠、各代货币的4只银瓶和装有33颗舍利子的圆钵等极为珍贵的稀世文物。这些文物，可能是在1753年重修白塔时装入顶部的。

白塔由塔基、塔身和塔刹三部分组成。台基高9米，塔高50多米，底座面积1422平方米，台基分为上、中、下三层，最下层呈方形，台

■妙应寺白塔塔基

■ 妙应寺白塔塔顶

前有一通道，前设台阶，可直登塔基，上、中两层是亚字形的须弥座。

台基上砌基座，将塔身、基座连接在一起。莲座上又有5条环带，承托塔身。塔身俗称"宝瓶"，形似覆钵，上安7条铁箍，其上又有亚字形小型须弥座，再上就是13天相轮，顶端为一直径近10米的华盖。

华盖以厚木作底，上置铜板瓦并做成40条放射形的筒脊，华盖四周悬挂着36副铜质透雕的流苏和风铃，微风吹动，铃声悦耳。

华盖中心处，还有一座高约5米的鎏金宝顶，以8条粗壮的铁链将宝顶固定在铜盘之上。妙应寺白塔的刹座呈须弥座式，座上竖立着下大上小13重相轮，即所谓的"十三天"。

白塔的造型稳重大方，犹如一尊端坐的大佛。它高耸于一片低矮的民居之中，显示出一种凛然自尊的威严。白塔作为佛的象征而接受着众生百姓的膜拜。

塔基为高9米的方形折角须弥座，须弥座是由佛座演化而来；塔身丰肩收腰，酷似佛的身影；在塔基与塔身相连处，一圈形状雄浑的覆莲座及数条金刚圈，又像是佛像盘屈的下身。

塔刹上端的华盖及塔顶为佛面的象征；金光闪耀

流苏 一种下垂的以五彩羽毛或丝线等制成的穗子。唐代妇女流行的头饰金步摇，是其中一种。还有，冕旒，帝王头上的流苏，以珍珠串成，按等级划分，数量有所不同。另外，古鲜卑族部落有流苏姓氏，后演变为慕容。

的塔顶更显示了佛的智慧和光明。这种塔的设计原则是模仿了佛像的造型比例，从而使白塔巨大的身躯中蕴含了更加丰富的宗教内涵。

妙应寺白塔华盖顶上还有个铜做的小塔形宝顶，高约 5 米，重4吨。特别显眼的是，在肥大的覆钵形塔身上有七条铁箍环绕。

由于这七道铁箍周长好几丈，离地几十米，非一般的人力所能及，后人常常大惑不解，好好的白塔为什么要铜上并不好看的铁箍？是何人何能将这铁箍铜上去的？

白塔寺白塔建好以后，微风吹来，铃铛声清脆入耳，悠扬远播，许多心烦意乱的人听了这悠扬的铃声不知不觉中心也平了意也静了，周围百姓十分喜欢。

妙应寺香火因此旺盛，善男信女烧香拜佛求平安，颇有几分灵验，于是成了京城百姓非去不可的一个好地方。

阅读链接

明朝时的一天，北京城发生剧烈的地震。地震过后，白塔寺的白塔出现了好几条大裂缝。朝廷上下眼见裂缝越来越大，却无能为力。

传说一天晌午，有人在大街上吆喝铜大家伙。有人说白塔寺大，让老汉铜。老汉便让乡亲们给他炼几锅铁水，做几个大铁箍放在塔底下。在老汉的指挥下，铁箍做好了，大家庆贺完毕各自散去。

第二天，人们见白塔上紧紧地均匀地箍上了七条铁箍。老者却不见踪影。就是到了今天，也没有人能说明白，白塔上的铁箍到底怎么铜上去的。

同台建五塔的金刚宝座塔

　　金刚宝座塔位于古都北京海淀区西直门外白石桥以东长河北岸的真觉寺内。因为它的建造形式是在一个高台上建有五座小型石塔，俗称"五塔寺塔"，是我国第一批重点保护文物。

■真觉寺

真觉寺始建于明代永乐年间，清朝因避雍正帝胤禛的讳，改名为大正觉寺。20世纪初，真觉寺被毁。金刚宝座塔建于1473年，是按照印度佛陀迦耶精舍的形式而建造的。

真觉寺金刚宝座塔的建筑形式渊源于印度的佛陀伽耶大塔，但是，它和印度金刚宝座塔相比较，却有着很大的区别。

印度的佛陀伽耶大塔的金刚宝座比较矮小，坐落在上面的五座塔中，中间的一座塔的塔身特别高大，而周围的四座塔的塔身却显得很矮小。

而真觉寺金刚宝座塔却在印度佛陀伽耶大塔的造型基础上，根据我国的传统建筑特点，进行了发展。

金刚宝座塔的整体规模比印度的佛陀伽耶大塔的规模小，但塔的金刚宝座部分却加高了，宝座上的五座塔在高度上相差不大，只是中间的一座塔稍微高了一些，使五座塔的大小比例协调了。

这五座塔都是采用了唐代密檐式石塔的造型风格，并在塔台的出入口处，建筑了一座可遮风避雨的罩亭，使罩亭与五座塔自然地融为一体，不但没有破坏整座金刚宝座塔的建筑艺术风格，反而使它更具

■真觉寺塔台基佛像

古塔瑰宝

无上玄机的魅力古塔

神韵，更加富有我国古建筑的特色。

真觉寺金刚宝座塔是我国古代建筑吸收外来建筑文化的杰作，是北京奇特的古代建筑之一。

真觉寺塔内部用砖砌成，外表全部用青白石包砌。塔的下部是一层略呈长方形的须弥座式的石台基，台基外周刻有梵文和佛像、法器等纹饰，台基上面是金刚宝座的座身，座身分为五层，每层都建有挑出的石制短檐，檐头刻出筒瓦、勾头、滴水及椽子，短檐之下周匝全是佛龛。

每个佛龛内都雕有一尊坐佛，佛龛之间用雕有花瓶纹饰的石柱相隔，柱头并雕出斗拱以承托短檐。宝座的南北两面正中各开券门一座，直通塔室。

拱门券面上刻有金翅鸟、狮、象、孔雀、飞羊等图饰。南面券门上嵌有"敕建金刚宝座、大明成化九年十一月初二日造"铭刻的石匾额。

从南面券门进入塔室，中心有一方形塔柱，柱4面各有佛龛一座，龛内原有的佛像已经不存在。在塔室的东西两侧，各有44级石阶梯，盘旋而上，通向宝座顶上的罩亭内。

罩亭主要是琉璃砖仿木结构，亭的南北也各开一

琉璃 也称瑠璃，是指用各种颜色的人造水晶为原料，采用古代青铜脱蜡铸造法高温脱蜡而成的水晶制品。色彩美轮美奂，品质晶莹剔透，是佛教"七宝"之一、"中国五大名器"之首。

座券门，通向宝座顶部的台面，台面四周都有石护栏围绕着。

玻璃罩亭北面是五座密檐式小石塔。小塔呈方形，中间一塔较高，有13层檐，顶部是铜制的覆钵式塔形的刹，传说印度高僧带来的五尊金佛就藏在这座塔中。

四周的小塔较中央的塔身稍低，檐11层，塔刹为石制。五座小塔的雕刻也集中在塔檐下的须弥座和第一层塔身上，纹饰如同宝座。唯有中央小塔的塔座南面正中，刻有一双佛足，表示佛的足迹走遍天下。

整座寺塔分塔座和五塔两部分。塔下部为长方形砖砌拱券结构塔座，这就是金刚宝座。宝座南北长18米多，东西宽15多，高7米多，总高17米，分为六层，最下一层为须弥座，逐层由下而上往内收进半米。

每层塔的四壁都挑短檐，共五层，短檐下四周

■五塔寺碑林

■真觉寺金刚宝座塔台基

均雕有密集排列的佛龛，每个佛龛内刻有一尊坐佛。塔座的南北正中有一券门，正门上有"敕建金刚宝座塔"的匾额。

塔的内部是回廊式塔室，内有44级石阶，盘旋而上通往顶部平台。中塔的正南有一座下方上圆两层檐的琉璃罩亭，里面就是阶梯的出口，罩亭顶上有一皇家寺院的标志"蟠龙藻井"。

宝座顶上的平台建有分别为四小一大共五座石塔。用青石砌成方形密檐式小塔，都是由上千块凿刻好的石块拼装筑成。中央大塔13层，高约8米，四角小塔各11层，高约7米，五塔所象征的佛称"五方佛"，五塔下面都有须弥座，檐下四周刻有佛龛及佛像，相传五尊金刚界金佛分别埋在五座石塔下。

五塔四周绕以石栏杆。五座塔的顶上也都有小型覆钵式塔刹，由仰莲、相轮、华盖、宝珠等组成，中间大塔的塔刹是铜制，其他四座小塔的塔刹是石质。

真觉寺金刚宝座塔的塔座上遍饰雕刻，内容多数都是以佛教题材为主。

金刚宝座塔建在了一座四方形的石台上。宝座为四方形，最下面是圭脚，在圭脚的上面是一层大型

古塔瑰宝

无上玄机的魅力古塔

四大天王 原本是佛教中四位护法天神的合称，俗称"四大金刚"，他们是手持琵琶的东方持国天王、手持宝剑的南方增长天王、手持蛇的西方广目天王、手持雨伞的北方多闻天王，它们分别代表风、调、雨、顺。

伏虎罗汉 在我国佛教领域，最高佛道的如来佛祖座下有十八罗汉。而伏虎罗汉是十八罗汉中的第十八位，即弥勒尊者，他是在清朝由乾隆皇帝钦定的。

须弥座。在须弥座的束腰处，雕刻有四大天王、降龙、伏虎罗汉、狮子、象、马、孔雀及大鹏金翅鸟，还雕有法轮、降魔金刚宝杵、瓶、牌和佛教八宝等高浮雕图案。其中的狮、象、马、孔雀及大鹏金翅鸟，分别是五佛的坐骑。

据说，狮子是大日如来的坐骑，大象是阿閦佛的坐骑，孔雀是弥勒佛的坐骑，马是宝生佛的坐骑，而大鹏金翅鸟是不空成就佛的坐骑。

金刚宝座塔须弥座束腰的上枋和下枋平面上，用浮雕法雕刻着梵文和藏文，内容是八思巴在1263年，致忽必烈汗的一首新年祝辞，名为"吉祥海祝辞"。

祝辞是梵文和藏文两种文字，上下并行，用诗的格律写成，每句有9个字，也有7个字的，总共44句。祝辞从南面正门的右侧，开始向东绕塔座一周，直到正门的左侧为止。主要是将佛、法、僧三宝比作吉祥海，认为世间一切吉祥均出自于佛教三宝。

这首祝辞在明代曾进行了部分改动。在塔座上雕刻这首祝辞，是

■北京五塔寺

为了祝福明朝社稷及皇帝万世吉祥如意。这首祝辞的藏文雕刻，是北京现存唯一的藏文浮雕石刻，具有很高的文物价值。

在须弥座的上、下枋上，雕刻着仰莲纹。在须弥座上是座身部分，每面均用短檐分为五层佛龛，在每层中又隔成许多小佛龛，在佛龛中浮雕坐式的佛像，佛像的表情安详，但双手的姿势却不相同，在金刚宝座的四面共有浮雕佛像384尊。

金刚宝座塔上采用了我国古朴的"减地平及"的雕刻方法，即凸起的主题雕刻面与凹进去的"地"都是一平的。然后，用尖刀在凸起的主题面上雕刻出精细而流畅的线条，使得主题形象更加生动，并具有一定的立体感。雕刻布局采用了传统的对称表现手法，使主要内容突出，并且具有古雅不俗的艺术效果。

在塔室的东、西两侧，各有一条拱券式通道并设有石阶盘旋而上。由于通道很窄，所以，只能供一人上下。在石阶的出口处是一座圆顶方檐的罩亭。

罩亭的顶和檐都是用黄色和深绿色的琉璃瓦盖成。在罩亭里面的顶上，有一个蟠龙藻井，暗示着这里在古代曾是皇家寺院。

在这五座塔的下面，均建有须弥座，在须弥座的束腰中，均刻有高浮雕的狮子、象、孔雀和马的形象。每面须弥座中间都用金刚宝杵隔成三部分，中间部分的中心位置立有3块福牌，在福牌两旁各立有一对狮子，它们均为卧式，并举起一支前臂，好像是在振臂高呼"皇帝万寿无疆"。

在两边的部分中各有一只大象，它们显得特别温顺，静静地卧在旁边。在须弥座的上枋和下枋上，刻有明代风格的莲花瓣。在中间塔南面须弥座的正中位置，刻有一双凸雕佛足，足心向外，下面托以盛开的莲花，周围供有佛教八宝和卷草图案。

为什么在塔上雕刻佛足，据说有两种解释。一种解释是，佛祖释迦牟尼在病逝前曾站在一块大石头上，给世间众生留下遗言。后来，他的弟子就在释迦牟尼站过的地方，雕刻成佛足的形状，并寓意为佛足到此，以示纪念。

另一种解释是，释迦牟尼逝世后，在将要火化时，因弟子迦叶还没赶到，火无法点燃。后来，等到迦叶赶到以后，佛从棺中显出双足后，大火方才燃起，为了记载此事，后人便在塔上刻双足。

这双凸雕的佛足在北京寺院中仅此一处，其他地方的佛足都是凹刻。我国石刻博物馆的碑林中，就有一通碑上

真觉寺金刚宝座塔

有线雕的佛足迹，足迹下也有关于佛足的文献记载。

在须弥座上是塔身部分，在第一层塔身与须弥座的相连处，刻有一圈俯莲花瓣儿。第一层塔身比较高大，在塔身中间每面开有一个拱券式佛龛，在龛中雕有跌坐式佛像，并在两旁各雕有一尊立式菩萨像，他们双手合十，神态安详，守护在佛的身旁。

在菩萨像旁边各雕有一棵图案式的娑罗树，树上结满了果实，寓意佛已经修成正果。在第一层塔身上是层层密檐，塔檐部分是用白色石料仿照木结构的塔檐雕刻而成，并且雕刻得特别逼真。

在塔檐之间的每层塔身上，均浮雕有许多跌坐式佛像，五座塔身上共雕有佛像1000多尊，金刚宝座塔真可以称得上是座千佛塔了。在塔檐的四个角上，各悬挂着一只四方形富有蒙藏风格的铜铃。

真觉寺金刚宝座塔建筑金刚宝座及塔身上遍饰雕刻，整座金刚宝座塔可以称是一座大型雕刻艺术品。它是我国现存建筑年代最早、雕刻艺术最精美的金刚宝座式塔，是我国明代建筑艺术和石雕艺术的杰出代表，是我国古代中外建筑形式相结合的成功范例。

古塔瑰宝

无上玄机的魅力古塔

阅读链接

金刚宝座塔原来是印度伽耶城尼连禅河畔释迦牟尼佛得道成佛处的纪念塔，称为"佛陀伽耶大塔"。塔座四角各建一幢小方形塔，拱卫中间的一座高大锥形塔。

五个塔代表五方佛，正中大塔代表大日如来，四周四幢依顺时针代表阿閦如来、宝生如来、弥陀如来和不空如来。金刚宝座塔是按照印度佛陀迦耶精舍的形式而建立的。

我国现存为数不多的几座这类塔中，北京有西黄寺的清净化城塔、碧云寺金刚宝座塔和真觉寺金刚宝座塔，其中年代最早、造型最精美的，应数真觉寺金刚宝座塔。